体育赛事运作实务

李 实 著

南開大學出版社 天津社会科学院出版社

图书在版编目(CIP)数据

体育赛事运作实务 / 李实著. -- 天津 : 南开大学出版社 : 天津社会科学院出版社, 2022.12
ISBN 978-7-310-06339-0

Ⅰ. ①体… Ⅱ. ①李… Ⅲ. ①运动竞赛-组织管理-研究 Ⅳ. ①G808.22

中国版本图书馆 CIP 数据核字(2022)第 219992 号

体育赛事运作实务
TIYU SAISHI YUNZUO SHIWU

南开大学出版社
天津社会科学院出版社 出版发行
出版人:陈 敬
地址:天津市南开区卫津路 94 号 邮政编码:300071
营销部电话:(022)23508339 营销部传真:(022)23508542
https://nkup.nankai.edu.cn

天津午阳印刷股份有限公司印刷 全国各地新华书店经销
2022 年 12 月第 1 版 2022 年 12 月第 1 次印刷
710 毫米×1000 毫米 16 开本 14 印张 225 千字
定价:68.00 元

目　录

绪　论

一、运动竞赛:国内研究视角综述

在传统上,体育赛事是指"在裁判员主持下,按统一的规则要求,组织与实施的运动员个体或运动员之间的竞技较量"。但是在1984年美国洛杉矶奥运会开创市场营销赢利纪录以来,对体育赛事进行商业营销,成为体育赛事运作管理极其重要的内容。体育赛事活动的内涵和外延发生了极大的变化,原有"运动竞赛"的概念被打破,需要在客观上重新认识该事物。因此,有必要对体育赛事概念进行界定,使其具有清晰的内涵与外延并明确其对象和范围,只有准确地把握体育赛事指向的事物,才会有助于推动体育赛事运作研究的不断深化。

(一)"运动竞赛"概念的一般内涵

国内在关于运动竞赛方面的理论研究上,已经有相关专著和教材问世,其中包括:2017年,李向勇等人出版了《现代体育竞赛组织管理实践》一书,该书详尽介绍了竞赛形式、竞赛程序和常用运动项目的竞赛编排方法,如田径竞赛、篮球竞赛、足球运动等级赛、体操运动竞赛等运动项目的编排方法。1989年,刘建和等人编著了《运动竞赛学》一书,该书从运动竞赛的价值、运动竞赛的组织与管理、运动竞赛的规则与规程、运动竞赛的方法、运动竞赛的编排原则和方法等方面进行了论述。1993年,国家体委训练竞赛综合司编写了《运动竞赛学》一书,该书对运动竞赛体制、运动竞赛管理、运动竞赛方法、运动竞赛的投入与效益、运动竞赛中计算机的应用等进行了理论上的论述。2001年,王蒲编著的

《运动竞赛方法研究》一书则是从运动竞赛方法体系的建构、项目分类研究、竞赛分类研究、竞赛方法分类研究及对抗性竞赛方法等方面进行了论述。以上专著和教材为后人系统研究体育赛事提供了重要的理论参考,但由于有关体育赛事的商务营销和运作方法等没有被重视,这方面的研究缺乏全面性和系统性,与现代体育赛事快速发展的趋势和运作要求尚有较大的差距。

近年来,"体育赛事"这一名称越来越多地出现在我国新闻媒体的报道中,但大多只是体育运动竞赛的代名词,人们对体育赛事的认识仍然停留在竞赛层面上。因此,我们有必要对常规的思维定式作进一步地分析,有必要对一些常用的基本概念做进一步反思。

原有运动竞赛概念的局限,有关运动竞赛的概念,国内学者有以下几种观点。田麦久认为,运动竞赛是"在裁判员主持下,按统一的规则要求,组织与实施的运动员个体或运动队之间的竞技较量"。原国家体委训练综合司审定的《运动竞赛学》中指出,运动竞赛是"在裁判员主持下,依据统一的规则而组织与实施的运动员个体或运动队之间的竞技较量"。还有学者提出,运动竞赛是"人类的一种实践活动,它是一个特殊的过程,有明确的目的性,有鲜明的竞技特征,有完善的规则和一整套竞赛办法及决定竞赛胜负'法律依据'"。从以上三个定义来看,前两个是对运动竞赛的狭义解释,并没有把体育运动竞赛所涉及的赛场之外的因素包括进去,后一个认为运动竞赛是一个过程,有特殊性,运动竞赛是人类的一种实践活动,但还是未能超出赛场的范围,未能对体育运动竞赛所涉及的众多因素进行概括。由此看出,国内对体育运动竞赛的定义只是停留在对赛场意义上的定义,没能反映出现代体育运动竞赛的特点。

(二)运动竞赛的特征和作用

1. 运动竞赛的特征

对于运动竞赛的特征,《运动竞赛学》指出:"运动竞赛具有目的的综合性、对抗的激烈性、影响因素的庞杂性和随机性及边界的开放性、竞赛结果的不确定性。"上述论断部分地指出体育运动竞赛的自身特征,但是却难以反映体育赛事所涵盖的全部内容。

杨铁黎在《关于开发我国职业篮球市场的研究》中对体育竞赛的特征进行了概括,他认为,体育竞赛在体育市场里被理解为产品,其特性为体育竞赛产品的无形性、一次性、不可预测性、生产和消费的同时性、延伸性和增殖性以及同一体育竞赛产品质量评判的差异性。以上观点把体育竞赛看成是产品,这非常符合现代体育营销管理的理论观点,如果注意体育竞赛产品有形的一面将有助于人们对体育赛事的理解。

2. 运动竞赛的作用

《运动竞赛学》中指出了运动竞赛在体育中的地位与作用。一是作为体育的轴心和杠杆。竞赛是体育的重要组成部分,在特定的时空环境中,竞赛是体育活动中最主要的活动,以竞赛为轴心推动着体育事业的迅速发展,在发展中国家,常常以竞赛为手段,带动体育事业的全面开展,即发挥竞赛对体育的所谓"杠杆"作用,将有限的人力、物力、财力运用于局部以带动整体。二是实现体育价值的主要途径。体育的政治、经济、教育、艺术等方面的功能是通过竞赛这条途径来实现的。三是构成体育方法的重要组成部分。尝试衔接运动训练的唯一通道。运动训练的最终目标只有通过竞赛这一环节才能实现,竞赛本身有时也可以被看成是训练的一部分,是一个特殊的训练,以赛代练是这一思想的具体体现。

以上观点指出了运动竞赛活动的地位和作用,然而体育运动竞赛活动的全面作用和地位却没有完全体现出来,究其原因,还是由于在运动竞赛的认识上,没有跳出其自身的范围,仍然是就竞赛谈竞赛,没能从运动竞赛的社会效益、经济效益和综合效益上去全面地论述,这是一个值得探究的问题。

(三)运动竞赛的构成要素和分类

1. 运动竞赛的构成要素

原国家体委训练竞赛综合司审定的《运动竞赛学》指出:"任何一项运动竞

赛活动,无论是规模宏大的世界大赛,还是两三人之间的趣味性角逐,都是由参赛活动人群、竞赛活动的物质条件及竞赛活动的组织管理这三个子系统所组成。缺少任何一方,都无法构成竞赛活动。”从系统管理的角度看,这种观点也有道理,运动竞赛本身就是一个庞大的系统,尤其是在经济全球化的社会背景下,构成体育赛事的要素产生了深刻的变化。例如,参赛活动人群的多样性、复杂性和随之出现的参赛活动人群目标的多样性,运作管理汇总市场营销的运作和内外环境变化的不确定性以及现在通信技术的进步等,都是体育赛事不可缺少的重要因素。显然,对体育赛事构成要素的探究显得十分必要和重要。

2. 运动竞赛的分类

体育运动竞赛项目繁多,资源丰富,从不同角度出发,按照不同的分类标准,可以将体育运动竞赛分成各种不同类型。例如,依据竞赛的内容,可分为单项性比赛和综合性比赛;依据竞赛的地域,可分为世界性比赛和地区性比赛;依据竞赛项目开展的季节,可分为夏季项目的比赛和冬季项目的比赛;依据竞赛参与者的文化程度,可分为大学生比赛和中学生比赛;依据竞赛参与者的年龄,可分为成年人的比赛和青少年的比赛;依据竞赛的组织方式,可分为集中组织的比赛和分散组织的比赛等。不同种类、不同形式的比赛,其性质、目的、方法、参加对象都不同。2016 年,仅国家体育总局计划的全国性比赛就有 625 项。除此之外,各地方体育组织举办的体育赛事更是数不胜数。但是,应该看到按照上述方式进行分类的运动竞赛,缺乏系统的理论与方法,还不能完全诠释其内涵。

如前所述,国内对体育运动竞赛概念的认识,还停留在赛场意义上,没能反映出现代体育运动竞赛的特点。对运动竞赛特征的认识,部分地指出体育运动竞赛的自身特征,但是却难以反映体育赛事所涵盖的全部内容。对运动竞赛作用的认识上,没有跳出其自身的范围,仍然是就竞赛谈竞赛,没能从运动竞赛的社会效益、经济效益和综合效益上去全面论述。对运动竞赛的构成要素的分析,忽略了在经济全球化的社会背景下,体育赛事的构成要素已经产生了深刻的变化。在对运动竞赛的分类上,还不能对不同规模、性质、水平的体育赛事进行准确描述。因此,有必要从新的视角,运用新的理论与方法,对体育赛事进行新的认识与思考。

二、体育赛事:国际研究视角拓展

国外对体育赛事的认识和实践与国内明显不同。国外认识体育赛事的普遍切入角度是把体育赛事看成特殊事件,特殊事件范围广泛,包括了宗教典礼、传统仪式、文艺表演、宴会、展览会和体育运动竞赛活动等,而体育赛事则是很重要的一种特殊事件。国外开始意识和认识时间较早,对实践的研究基本趋于成熟,有专门的学科理论,即事件管理理论。

国外认识体育赛事从三个角度入手,一是从事件管理(Event Management)的角度,二是从特殊事件管理(Special Event Management)的角度,三是从体育赛事管理(Sports Event Management)的角度。对事件管理、特殊事件管理和体育赛事管理及三者之间的相互关系等方面入手,有利于对体育赛事进行全方位的认识和思考。

(一)事件管理

事件管理是一门实用性很强的管理科学,产生于20世纪80年代的美国,是适应政府和非政府机构开展的各级各类政治经济活动、体育赛事、会议会展、娱乐狂欢等需要而产生的一项具有鲜明特点的管理内容,既不同于普通政府行政管理,也不同于商业企业管理的跨组织的高度综合性的管理活动。按照美国事件管理学之父戈德布莱特教授的定义,事件管理行业涵盖了成千上万的精心策划的文化、娱乐、体育、政治和商业事件:从奥运会、世界杯、世界博览会、跨国公司全球巡回展到城市艺术节,从小型会议、婚礼到万人观赏的比赛,从公司促销节目到特殊事件旅游,从社区活动到慈善筹款,事件管理以其管理的科学性与事件活动所具有的艺术魅力和文化内涵相结合,在迅速地改变受众的习惯、品味、记忆、理解的同时,完成事件品牌、形象、概念的成功营销。国外对事件的研究基本趋于成熟，有专门的学科理论，国际上还有专门的事件管理科学协会和网站，如国际节目和事件协会，并通过互联网进行交流互动。国内也有学者提出节日活动管理或节庆管理之说。

事件管理是一项集创意策划、系统运筹、技术运用及社会经济与政治资源全面调动与协调的高智力管理活动。随着中国国力的日益增强，人民生活水平的迅速提高，体育赛事、会展、旅游、文化娱乐等产业越来越成为中国的主导产业。2008 年奥运会、2010 年世界博览会、2019 男篮世界杯在中国的举办，标志着事件管理将在国内越来越受到政府和有识之士的重视。

（二）特殊事件管理

事实上，特殊事件管理与事件管理具有相同的内容，产生于 20 世纪 90 年代的英国和澳大利亚。特殊事件包括宗教典礼、传统仪式、文艺表演、宴会、展览会和体育运动竞赛活动等，其产生的社会背景和涵盖内容与事件管理也有相同之处。澳大利亚学者约翰尼 · 艾伦等在《节日和特殊事件管理》一书中对特殊事件的定义表述为："术语'特殊事件'用来描述特别的仪式、表达、表演或庆典，其被有意识地计划产生，以标志特殊的场合，或取得独特的社会、文化或团体的目的和目标。"对于特殊事件的范围，约翰尼 · 艾伦等指出："特殊事件包括国庆日和一些庆典，重要城市集会，独特的文化表演，大型体育比赛，团体典礼，贸易促销和产品发布。特殊事件似乎无处不在，并正成为朝阳产业。"

盖茨（1997）在类型学研究中突破性地建议特殊事件最好从其所处的上下关系来进行定义。他提供了两个定义：一是从组织者的角度来看，特殊事件是个一次性的或很少发生的事件，不同于惯常的节目或赞助商和组织主体的活动；二是从消费者或客人的角度看，对于消费者或客人，特殊事件是个休闲、社会或文化经历的机会，不同于惯常范围的选择，并超出了日常经历。特殊事件的特征包括节日情绪、独特性、品性、真实性、传统、好客、主旋律和象征意义等。

从以上对特殊事件的各种定义可以看出，特殊事件的领域非常广，并且不同于普通政府行政管理，也不同于企业管理的跨组织的高度综合性的管理活动。特殊事件作为新兴产业，是具有独特时间限制的一次性活动，有主体存在的外在表现形式，有目的和目标的要求，并可能产生较大的社会效益和经济效益。例如，2016 年 4 月 14 日，一场以“科比谢幕战”为主题的体育赛事在美国洛杉矶斯台普斯中心球馆拉开帷幕。对于普通体育赛事范畴而言，这仅仅是 NBA（美国男子职业篮球联赛）赛季常规赛阶段的一场普通的比赛，当赛季两支球队由于排位关系早已失去季后赛争夺资格，这仅仅是一场普通的比赛。但是对于广大篮球爱好者而言，这是一代篮球巨星——科比・布莱恩特宣布退役赛季的最后一场比赛。篮球体育解说员张卫平这样看待这场空前绝后的比赛：“今天（2016 年 4 月 14 日）有很多比赛，勇士能否打破公牛的历史连胜纪录，火箭队能不能进入八强，但唯独这场谢幕战你不看，以后就没有了，科比就不打了。”简单的话语看出，对于这个时间段，并不是官方授予的节日、纪念日，而是广大篮球爱好者赋予这一天一个特殊价值，这一事件（科比退役）也成为当年特殊事件的典型代表。

（三）体育赛事管理

体育赛事管理是事件管理和特殊事件管理中很重要的组成部分，也可以说体育赛事是事件和特殊事件的子集，它们之间存在着密切关系并有许多共同之处。随着近代西方竞技活动的兴起和现代奥林匹克运动会等现代竞技活动的发展，以及社会政治、经济、文化、科技等方面的发展，体育竞技活动受到越来越大的影响，体育竞技活动过程也发生了深刻的变化，体育竞技活动被赋予要达到的目的和目标也越来越多样化。体育运动竞赛活动受到经济的影响和商业利益的驱动，市场营销在体育竞技活动中的地位与价值越显突出。体育赛事成为体育产业重要的组成部分，并且获得了明显的经济效益。某些现代商业行为在体育赛事御座中得到展现，一些专门经营体育赛事运作的跨国企业、公司应运而生。国外体育赛事运作涉及许多因素，除了包含内容复杂的商业营销因素之外，还涉及策划、推广、信息传播和沟通、安全保卫、媒体与电视转播、法律程序以及人力资源、后勤、风险管理等因素，而这些因素同样存在于事件管理和特殊事件管理之中。因此,在考虑体育赛事与事件和特殊事件的基本特点之外,体育赛事具体还表现在:具有潜在的市场前景;共同的组织文化背景引导和联结参与者与观众;规则、习俗和传统影响着活动本身;存在着计划、组织、训练和降低风险等实施行为,并都提供服务产品;要求有不同水平的管理者和不同参与者。

国外赛事运作意识很强,非常重视体育赛事运作经验研讨交流。例如,受新冠疫情影响,东京奥组委和国际奥委会于2020年4月16日通过电话会议举行了一次行政项目审查会议,商定了延期后奥运会筹办工作的组织框架。委员会将在必要时举行会议,以确保长期实施协调和有效的决策。在国际奥委会和东京奥组委的支持下,明确了包括东京奥组委、33个国际运动协会、206个国家奥委会、运动员、赞助商及转播商等在内的所有参与奥运会产生的所有问题。但是,国外对体育赛事的核心内容,即竞赛管理的研究也不是很充分,这可能与国际单项体育组织或综合性体育组织的制度文化管理惯例有密切关系。但是,这些研究都为本书提供了值得借鉴的思路。

第一章　影响体育赛事的相关因素

第一节　体育赛事与现代科技

一、体育赛事与科技结合日趋紧密

现代体育运动最显著的特点是体育运动同现代科技的紧密结合，因此，“四肢发达”“文化素质低”的传统观念已经过时，人们也逐渐意识到，体育科研作为人体科学研究的一个部分其重要性与日俱增，体育赛事和科技的结合越来越紧密。

在现代体育运动中，人们一直都坚信，体育赛事不能完全依靠技术，但是，在技术发展的同时，其占比必然会不断增加。一般来说，科技水平高的国家，在奥运会上的表现往往是更好的，所以，金牌的获取已经不是单纯依靠运动员实力能决定的了。

“十四五”期间，伴随着科技革命和产业革命的迅猛发展，人工智能、数字技术、互联网技术对我国政治经济发展的促进作用日益重要，推动体育科技进步已成为必然。

二、科技推动体育赛事的发展

体育是一门综合性的科学，它与人类的发展相伴而生。在从传统体育到现代体育的过程中,它的内涵、结构也在不断地改变。要使我国的体育赛事整体水平得到提高,必须以科学技术为先导。竞技体育和体育科学与技术是一个既互相制约,也互相促进的关系。在体育科技的推动下,实现对体育赛事的支持与发展,让大量的高新技术成果渗入到体育赛事中。主要体现在推动经济发展,为国际大型体育赛事的顺利举行提供了物质保障;改善运动服、运动器材、场地等。

当前,智能技术、数字技术、网络技术等科技手段的革新为我国的体育赛事发展带来了长足的进步。目前,电子仪器、激光、光电、电声、卫星通信等技术已广泛应用于体育赛事中,使体育训练、竞赛、科研、管理等各领域都在不断地改变。斯太洛泡沫填充物代替了砂石池和碎石池,使得人体的每一部分都没有直接接触地面的风险,从而为世界纪录的诞生提供了新的环境条件;玻璃纤维竿的出现,让一个普通的中学生在撑杆跳上的表现也能超过以往的优秀运动员;塑胶当跑道不仅可以防止运动员在跑道上出现轻微的滑行,由于它的柔韧性,还可以改善竞技状态;人造草坪的出现,使得足球这项运动得以普及;运用纳米材料、大数据分析、人工智能等新技术,构建我国新型运动训练、竞赛和康复训练的技术支撑系统;运用传感器技术、因特网技术、通信技术、信息传播技术、自动控制技术、人工智能技术、大数据分析技术、高精密影像运动采集分析技术等,分析和探讨我们国家运动员的技术动作;运用多维度、长周期、多源异质的大数据融合技术,综合评价运动员的动作技术,筛选出最好的运动员,建立最佳的运动员模型;推动5G、赛事直播、云计算等新技术,如VR赛事体验、云直播等技术用于即时监控赛事的数据统计,并利用云计算数据分析技术,让参赛者对自己的身体状态有一个更客观清晰的认知。

显然,科学技术的引导不仅能更好地发挥我国体育赛事体系的优越性,而且还能为2022北京冬奥会、冬残奥会创造便利的办赛条件,帮助参赛选手的取得优异成绩。

三、科技带来的体育赛事新问题

然而,由于科技手段的日益普及,一些新问题也随之出现。值得注意的是,随着科学技术的进步,运动员们在场上的竞技活动日益变成旧技术和新技术的较量,因此,体育竞赛的本质就变成了是先天天赋和后天训练的对比。此外,专家还发现,目前我国体育设施装备中,运用了现代科技成果的仍有许多问题。例如,在赛道上有很强的弹性,会对阿基里斯腱(跟腱)造成伤害,而在人造草坪上,很可能会对足球运动员的膝盖和脚踝造成很大的伤害。而且很多新的设备都很贵,不是普通人能买得起的。

当然,科技也是一把双刃剑。在组织机构运用现代科学技术为赛事进行组织管理、提高赛事运营效率的同时,也产生了体育竞赛的异化现象。体育竞赛的异化是指大量的科研成果被滥用于非医疗用途。例如,当一些运动员不能通过艰苦的训练获得好的运动成绩时,使用兴奋剂就成了一些运动员“迫不得已”的手段;基因技术对运动员的伤害更大,容易导致生理排斥和心理调整功能的紊乱;像“超级跑鞋”和“鲨鱼皮”这样的高科技产品已经成为一些选手在赛场上夺得冠军的有力“武器”;这类选手在比赛中获取附加的利益,无疑是一种变相的“作弊”行为,这些都是与奥林匹克宗旨和竞赛公正的原则相违背的。要彻底消除这种由科学技术引起的体育竞赛异化,还必须依靠科学技术的发展。

第二节　体育赛事与信息技术应用

一、信息科学技术与体育的结合

体育信息科学是一种以高科技为理论支撑的应用学科,是以更好的方式为体育活动服务的一项事业。当前,信息科学技术在全球迅速发展,要推进体育工作,就需要了解当前国际和国内体育信息工作的最新动向,为今后我国各类大型体育赛事的举办做好准备。

自 20 世纪中期电子计算机被发明后,信息技术便与体育运动产生了紧密联系。1964 年东京奥运会第一次采用了电子计算机技术,自那时起,电子计算机技术被大规模应用于奥运会,1992 年巴塞罗那奥运会出现了卫星通信等互联网技术,1996 年亚特兰大奥运会应用了电子商务等技术,2000 年悉尼奥运会,电子技术和电子商务的应用让人们充分感受到信息技术和竞技运动的无限魅力。信息技术在 21 世纪已广泛应用于竞技体育。

信息技术是一种包含了基础结构和人类先进智力的智能技术,具有收集、传递和处理信息的能力。微电子技术包括通信技术、微电子技术、光导技术、计算机技术和人工智能技术。信息化、智能化、信息化和综合化是信息技术的重要特征,形成以因特网为核心的信息化科技。

通信技术是一种高速度、高质量、高精度、及时、安全可靠地传输与交流信息的方式。要充分利用光纤、卫星、智能型终端通信技术,使通信网络发挥容量大、质量好、覆盖范围广、速度灵活、功能多样等优势,实现四通八达、结构合理、响应迅速、安全性和高智能的通信网络。传感器技术可以对各种类型的资料进行准确、高效和可靠地采集。遥感、遥测、高效率的传感器、显示器和各种智能化的感测技术都亟待开发。

网络信息技术是计算机技术与通信技术相融合的产物,涵盖了光纤通信、数据通信、卫星通信以及其他各种通信方式。而新一代通信系统如电话,视频等,都能经由 IP 网络进行传输,到今天已经得以实现和使用。网络资讯的应用范围正在扩大,包括:金融电子商务、在线教育、在线医学、高清录像、在线视频会议等,使用移动终端,信息家电等的用户数量也在逐步增加。通过 WAP 技术,移动电话可以上网、收发多媒体电子邮件。信息、能源、物质被誉为人类社会发展的三大因素,最先掌握最新技术信息的人将会在该领域占有一席之地。如果能把这个方法和技术运用到炉火纯青的地步,那么在国内甚至世界的比赛中,都能取得巨大的成功。

自 1912 年斯德哥尔摩奥运会引入田径电子计时器和照相机设备以来,现代体育与信息技术产生了密切的关系。信息科技为体育运动的发展注入了新的活力和动力,特别是现今以大容量、高处理速度为特点的现代信息科技,已经被广泛地运用于体育界。竞技运动的本质是技术的较量，而技术的较量则是知识的较量。在现代科技的支撑下，竞技运动的发展和运动员的运动能力不断得到提升。例如，越野车 GPS（全国定位系统）定位通信技术，多媒体视频指挥及遥控、帆板训练与远程控制、体育政府网站的网络技术、悉尼奥运航海数字虚拟技术等。随着科技的进步、体育的发展、社会认知的提高，信息技术的应用范围将会越来越广泛。随着信息技术在体育领域的广泛应用，产生的效益越来越明显，信息技术及其相关的装备逐渐成为体育运动的一个重要组成部分，特别是在体育赛事中也是不可缺少的。

二、信息技术的一般知识

（一）信息

信息存在不同的层面，存在层面的信息即事物的活动状况与方式，而认知层面的信息则是认知对象感受到的活动状况与方式。

（二）信息处理

信息处理是一种通过计算机对文字进行转换、传递、储存、分析和加工的技术。

（三）信息技术

信息技术是指通过对信息进行处理，以计算机技术和通信技术为目标，设计、开发、安装和实施系统的各种技术的总称。信息技术也被称为信息和通信技术。它涵盖了传感器、电脑与智能化、通信、操控等领域。

（四）信息管理系统

信息管理系统是一种综合运用多种信息技术，帮助人们获取、传递、存储、加工、控制和显示信息的系统。

三、信息技术在体育竞赛中的应用与发展

(一)国外信息技术在体育竞赛中的应用与发展

1912 年,在瑞典举办的第 5 届奥林匹克运动会上,第一次采用了电子计时器和照相机技术,使得赛绩的准确度达到 0.1 秒。

1936 年,在德国柏林举办的第 11 届奥林匹克运动会,首次尝试利用媒体的影响力来提高比赛的知名度,利用录像技术进行比赛直播,开启了电视直播比赛的新时代。

1964 年,东京奥运会首次使用计算机技术,信息技术与运动赛事的组织与管理之间的联系越来越紧密。也是在这届奥林匹克运动会上,美国借助"辛科姆"通信卫星,再次刷新和扩展了比赛的直播范围,让全世界都能看到这场奥运盛况。

1968 年,墨西哥第 19 届奥运动会采用了更为精确的电子计时系统,使参赛选手的分数精确到一个毫秒以内,这种技术使竞赛变得更具有竞争性和可看性。

1984 年,洛杉矶奥运会,在奥运会上率先引入了负责赛事组织、数据处理、数据存储、报表打印的电子信息服务系统。

1996 年,亚特兰大奥运会首次与网络"亲密接触",各电脑系统可与网络、资料库连通,即时处理赛事资讯,即时公布赛事成绩与信息。全世界的运动爱好者都可以利用互联网在网上搜索奥运资讯。本届奥运会的点击率达到了 1.87亿。

2000 年,悉尼奥运会将信息技术应用于体育的各个领域,并建立了奥运信息检索系统、奥运竞赛结果系统和奥运信息管理系统三大系统。

三星公司在韩国备战 2018 年平昌冬奥会期间,将传感器嵌入比赛服,测量

身体姿态并计算运动员臀部离冰面的距离，并帮助两名荷兰短道速滑运动员赢得了金牌。

日本为备战2020东京奥运会提供了新的信息技术支持。在2017年，研制了一款体操比赛得分的仿真软件，该软件可以让参赛团队在第一时间进行计算和分析得出最高成绩体操团体的各项得分情况。该软件应用在了加拿大2017世界体操锦标赛。2017年正式推出"JISS share"支援技术，利用"JISS share"技术，可以向运动员、教练员、辅助人员共享比赛中的各种数据。2017年，共有20个奥运和残奥项目申请使用该技术，并为管理者举行了17次讲座。每个竞赛项目的存储最大值为1TB，但如有需要可以申请更大的容量，2017和2018年度的存储最大值为4.16TB和8.02TB。

美国自行车协会运动技术总监梅丽莎·麦凯维尼表示，美国自行车协会利用各种高科技设备来帮助运动员的训练和竞赛，包括数据监测、数据分析和反馈技术。目前虽然还不能进入赛场，但Solos公司开发的AR眼镜可以用于训练，它能自动采集自行车的速度、单圈时间等信息，然后将这些信息通过IBM云计算系统无线传输到眼镜上。

（二）国内信息技术在体育竞赛中的应用与发展

2008年北京科技奥林匹克比赛的主要内容有：组织、管理、运动培训、设备、安保、药品检验等8大类，充分展示科技奥运的特点，包括在奥运村、场馆等方面采用纳米材料、利用太阳能等；依托现代科技与互联网技术，将科学的运动训练与科研活动有机融合，来促进体育竞赛的发展。如果加以细分，以下几点将有目共睹。

1. 科技奥运——蓝天白云好空气

机动车尾气是影响环境质量的主要原因之一。北京市政府通过提高尾气排放标准，促进了车辆的升级，即采用了无铅燃料，从而促进了多点电动喷射三元催化净化车辆的发展。北京天然气和液化石油气车辆发展迅速，公交车和出租车的数量已经超过3万辆。在电动汽车、燃料电池汽车和混合动力汽车方面，也都有很好的进展，这些无污染、少污染的汽车的使用，将大大改善北京的空气质量，北京奥运会将在蓝天白云、清新优美的环境之中召开。

2. 科技奥运——路灯使用太阳能

集中和分散，热利用和光发电，高科技和景观效应，固定和流动的组合，使北京奥运会的举办更加顺利和精彩，也将推动绿色能源和生态环境保护进入新的发展阶段。北京工人体育场、奥体中心、首都体育馆等场馆改造工程，全部采用了太阳能路灯，太阳能庭院灯、电话亭，太阳能扬水系统，太阳能生态厕所等。①

3. 科技奥运——实况转播高清晰

2001 年 2 月，国际奥委会视察北京 2008 年第 29 届奥林匹克运动会，由我国开发的地面数字高清电视实验系统正式亮相，展现了我国高科技水平。

4. 科技奥运——生活享受网络化

城市信息化建设是衡量一个城市信息化程度和技术实力的一个重要指标。经过三年的努力，首都信息化工程已经初见成效。该系统包括一个平台和 5 项重大应用工程，它将为北京奥林匹克运动会提供全面、强大的信息技术支持。首都电子商城是以首都公共信息平台为基础，为网上购物、网上拍卖、网上交易等提供全方位的支持：网上支付，CA 认证，安全配置，物流配送等多方面的服务。在奥运期间实现了订房、订餐、订车等在线办理的愿望。

5. 科技奥运——科技竞争出成绩

说起科技奥运，最让人关心的还是如何提高运动成绩。在 2008 第 29 届奥林匹克运动会上，除了将延续以往的高强度训练精神和成果之外，还将是一场国家科技和人民意志的全面较量。我们国家体育学术研究者已经实现了对不少体育项目的科技攻关，因此，直到奥运会开幕后，我们才能完全领略北京科技奥运会的全部魅力。所以说信息技术是竞技运动不可或缺的基础，竞技运动推动了信息技术的发展。

---

① 何祖新主编：《体育社会学》，浙江大学出版社 2013 年版。

在2022年北京冬季奥运会期间，对运动员的成绩进行实时更新是其核心内容。每个赛季各冰雪项目的世界杯、积分赛、世界锦标赛、世界青年锦标赛等赛事层出不穷，仅凭人工记录的成绩是远远达不到时限要求的，必须通过技术手段来解决这一问题。所以研制了商业化的网络信息采集系统，专门设计了异地采集和远程导入的方法，采用异地服务器的网络信息采集系统，实现了定时、远程读取、批量导入，提高了系统的更新速度。这种网络信息采集系统使用了成熟的商业软件可直接阅读远端资料库，以确保系统的安全性。该系统采用网上信息采集技术，每日定时、自动地更新的竞赛结果，具有一定的智能化，操作简便，大大节省了人力，提高了数据的更新速度，满足了实时更新的工作需要。

四、体育竞赛信息服务系统

体育竞赛一般分为单项体育比赛和综合体育赛事，而与之相对应的信息服务系统则可以分为单项和综合性系统。运动竞赛资讯服务，一般包括计算机协助计时记分、成绩处理、屏幕显示、技术统计等，也包括注册登记、竞赛管理、综合成绩处理、网站等，计时记分、成绩处理是组织比赛所必需的。

综合性体育竞赛信息服务系统不是单纯地将单项体育竞赛信息系统进行整合，是集网络基础、竞赛信息、信息应用、技术研发、系统建设、信息服务、组织和经营于一身的综合性系统。

五、综合体育赛事组织与管理的电子信息服务系统

（一）基础网络系统

场馆互联网（外部网）使用了电信运营商（ISP）的物理链路，而组委会则在全国运动会专用网（内网）上铺设了比赛专用网。使内部网与外部网之间的逻辑分离，利用体育馆的基本网络访问交换器及网络链路，并在访问交换器中利

用 VLAN 进行分区,分隔出内网和外网。

(二)应用与服务系统

第一,人员注册系统。

第二,计时记分系统。

第三,现场成绩处理系统。

第四,综合成绩处理系统。

第五,数据通信系统。

第六,综合信息查询系统。

第七,多媒体查询系统。

第八,电子商务系统。

第九,通信服务系统。

第十,体育赛事组委会办公系统。

第三节 体育赛事安排与体育竞赛

一、体育赛事分类与层次

根据不同的比赛标准,可以构建出各种类型的体育比赛。按参赛年龄的不同,比赛分为儿童、少年、成人、老年人比赛等。按参加人员的职业划分,可分为职工运动会、农民运动会、军队运动会、学生运动会。按照参赛项目的数目,可将其划分为综合性竞赛和分散式竞赛等。以下具体介绍:

(一)根据竞赛的规模与层次分类

第一,基层单位的比赛。学校、厂矿、街道、机关等。

可以进行多种形式的运动比赛，要按照参加人数、职业、兴趣、场地、器材、目的等进行。

第二，地区性比赛。按行政区划组织的区、县、市、省级比赛。

第三，全国性比赛。在我国举行的较高级别的体育竞赛，有一定水准的选手可以参赛。全国游泳锦标赛、全国田径锦标赛之类的比赛，都是全国范围内的顶级比赛。

第四，国际比赛。联合会杯，美洲杯，亚洲杯，欧洲杯，田径世锦赛，乒乓球，羽毛球世锦赛，网球大满贯，NFL（职业橄榄球大联盟），NHL（北美职业冰球联赛），体操世锦赛，环法自行车赛，游泳世锦赛等。任何一个有不同国籍的选手参赛，都可以称之为国际性的赛事。①

第五，洲际比赛。洲际比赛由国际体育联合会主办，例如世俱杯、世界杯赛等。国际性比赛是指两个不同的国家的队伍进行竞争，国际性的比赛包含了洲际比赛。

第六，世界大赛。主要比赛项目包括奥运会、世界锦标赛和世界杯赛。通常二至四年举行一次。此外，还有多个系列大奖赛和一些特殊的竞赛。

（二）根据竞赛的性质与任务分类

1. 运动会

运动会由多个体育项目组成，一般称为综合运动会。其目的是对体育的普及和发展作一个全方位的观察，并对其进行广泛的归纳与探讨，以促进我国的体育发展。其特点是项目多，规模大，工作安排复杂，人力、物力、资金的投资大。各大洲、国家及省市组织的各类大型综合性运动赛事，都被称为“运动会”。例如，奥林匹克运动会，世界大学生运动会，亚洲运动会，东亚运动会，全国运动会，全国大学生运动会，少数民族传统体育运动会，省市运动会等。体育赛事规模越大，规格越高，其主办周期越久，通常为四年一次。大学里由全校或各部门

---

① 张鲲，石娟，王栋：《体育赛事与国际化大都市的关系研究》，《安徽体育科技》2012 年第 5 期。

组织的田径运动,也叫运动会,一般是一年一次。①

2. 锦标赛

锦标赛也被称作“冠军”赛。一般只进行一个项目的比赛,目的是检验不同地区的运动项目的技术水平,以推进这项赛事之发展,并培育其后备人才,促进该项运动的发展和提高。例如,1983 年,波兰赫尔辛基举办了第一届世界田径锦标赛,为期 8 个工作日,其间仅有一天的休息时间。国际篮协每 4 年举办一次,最多为 16 支队,一般来说,东道主、上届锦标赛前三名、上届奥运会三强、亚欧非、南美、北美洲各国的冠军队和东道主国家的代表队,将分为三个小组进行初赛,每个小组的前两名,再加上东道主国家和上届奥运会的胜利者,进行决赛。另外排球,乒乓球,棒球,垒球,体操,游泳,举重等各个项目的国际协会都会定期举办。②

3. 杯赛

以争夺各种用特定名称所命名奖杯的运动竞赛叫做杯赛。例如,“戴维斯杯网球赛”是由国际网联举办的男子团体比赛,这个赛事是美国戴维斯创办并为夺冠球队捐赠了一座奖杯。又如世界杯足球赛,全称为“国际足球联合会国际杯比赛”,四年一度,由冠军得主的移动杯组成,连续三次赢得冠军的队伍,将永远拥有这个奖杯。第一个奖杯是由纯黄金制成,重量为 1800 公克,高 30 公分,配有一个大理石基座,重量为 4 公斤。图像是希腊神话中的一位张开翅膀手举杯的女神。在 1970 年第九届足球世界杯时,巴西于 1970 年的第 9 届世界杯赛中实现了连续三次夺冠,并因此而永远拥有奖杯。新的奖杯是在 1971 年用 18 K 的黄金制作而成,这个杯子有 36 公分高,5 公斤,上面有两个巨人举起了整个“世界”。在高校中,也有一系列相似的竞赛。例如,“三好杯”“五四杯”“七一杯”“一二九杯”“迎春杯”“国庆杯”等。③

---

① 朱云波主编:《大学体育》,人民体育出版社 2008 年版。

② 马明彩等著,《运动竞赛学》编写组编著:《运动竞赛学》,北京体育大学出版社,1994,第 106 页。

③ 龙佩林编著:《大学体育与健康教育》,民族出版社 2001 年版,第 79 页。

4. 联赛

这是规定每年定期举办的一种列入国家、省、市、单位、俱乐部计划、规模较大、制度化的比赛,通常分为预赛和决赛。它可以在同一时间、地点同时进行,也可以在不同时间、地点分别进行,属等级赛性质。按运动队技术水平分为甲级、乙级等,如我国的男子职业篮球赛(CBA)、排球联赛、足球联赛、大学生超级联赛等。其主要任务是检验训练工作的质量、相互交流、相互学习、提高竞技水平,促进大众体育的发展。随着职业联赛的出现,在我国也逐渐兴起了各种体育市场,如篮球、排球、足球等,吸引了一大批的观众,成功建立了一定的球市,促进了我国体育运动的发展。同时也为我国体育运动的发展开拓了新的组织和运作方式。各级职业联赛有自己的竞赛规则和特殊要求,对我国竞技体育事业做出重大贡献。例如,我国国家篮球、足球、排球等队伍的运动员都是来自各自的俱乐部和各自联赛的顶级选手。

5. 等级赛

为了技术水平和年龄相当的选手(队伍)组织的比赛。该项目旨在提升选手的训练或达到某一级别,并增加其参赛经验。凡是符合资格的人,都可以参加。例如甲、乙级的足球联赛、竞技体操的健将级、一级比赛、少年儿童乒乓球比赛等。

6. 选拔赛

其主要工作是发掘和选拔具有高技术素质的运动员,并为其组建或增编队伍,为更高层次体育比赛做好充分的准备。不给予优胜或荣誉头衔,其主要目标是获得代表资格。它的优势在于能促进更多人参与竞赛,激发人们对运动的热情。缺点是时间长,组织复杂。

7. 通信赛

参赛者按照比赛规则规定的时间和地点,在各个区域内进行比赛。参赛选手在现场进行比赛时,须经基层体育委员会(或有关单位)签名、加盖公章,将比赛结果以书面方式上报主办机关或组织,以确定其排名。这项运动适用于以时间、距离、重量、命中环数为主要指标的运动,例如田径、游泳、单车、速滑、滑雪、划艇、举重、射击等。中国田径协会与《新体育》杂志主办的全国中学生“雏鹰起飞”奖就是一种具有代表性的田径运动交流比赛。① 其优势在于参与者人数多,节约资金,节约时间,不利之处在于,参与者无法进行现场观察与交流。

8. 邀请赛

由一个或几个国家(地区)邀请其他国家(地区)进行的竞赛,例如亚非拉乒乓球友好邀请赛、北京国际田径邀请赛。我国举办这类比赛的宗旨是:要加强与世界各国的交流,提高选手之间的友谊,提高竞技水平和训练质量。省、自治区、直辖市和基层组织也可以举行,诸如省际、埠际、校际和工厂间的相互邀约,从而促进体育竞赛的推广和提升。邀请比赛分为两种:一种是双向的,一种是多边的。②

9. 表演赛

表演赛是一种旨在提高运动水平和扩大影响力的竞赛。目的在于推广体育项目的意义,锻炼的价值,以及对技术战术的演练或演示。其特征在于,技术与战术的结合,能在不计名次的情况下,减少比赛时长。一般是在假期或某些赛季来临前,或是在正式的比赛之后,为了迎合观众的需要,成立一些特别的球队。可以独立举办,也可以在大型体育赛事中进行。

10. 对抗赛

对抗赛是由两个或多个具有相似训练水平的单位共同举办的。主要工作是检查教学和训练工作的执行,相互交流,促进教学和训练的质量。如苏、美的田径对抗赛,它是国际上最引人注目的对抗赛,其特征是通常只局限在单人项目中,由选手的个人成绩相加,评定小组排名。要求参赛选手数量有限,参赛选

① 陆红主编,李小庆副主编:《运动竞赛学》,北京交通大学出版社、清华大学出版社 2005 年版,第 17 页。

② 《中小学生百科辞典》编委会编:《中小学生百科辞典 德育礼仪 · 艺体 · 生活学习》,团结出版社 1996 年版。

手技术水平相近。

11. **埠际赛**

以几个主要的城市体育代表队为单位进行的比赛。经常用于球类和棋类项目中,其主要工作是增进运动员的友好关系、相互学习、提升竞技水平。

12. **友谊赛**

是一种旨在增进友谊,交流经验,提高技术水平的不定期的运动竞赛,多是球类项目或个人对抗性质的项目(羽毛球、摔跤、拳击等)。是一种旨在增进友谊,交流经验,提高技术水平的运动竞赛。比如一所学校和另一所学校之间的一场篮球赛。这种竞赛既简单经济又有效。

13. **测验赛**

为了满足某一特定的要求,或者为了了解运动员的身体素质和技术水平而举办的比赛。目的在于提高运动员在赛场上的技术水平,提高他们在赛场上的实战经验。改进技战术,提高身体对特殊比赛环境的适应性。

14. **达标赛**

为激励选手不断地提升竞技技术,提升竞技水平,大赛组委会对选手的各项指标进行严格的规定,只有符合规定的选手,才能获得参赛资格。

15. **超级明星赛**

超级明星赛是在职业联赛的基础上发展起来的一种比赛。参赛的运动员均为各个级别的联赛中的佼佼者。运动员在比赛中以表演自己的技术、体现个性、愉悦观众为目的,不以运动成绩名次来评定运动员。同时组织一些娱乐性、商业性的赛事,以推动其所在的联盟的市场。如美国的 NBA(美国男子职业篮球联赛)、中国的 CBA(中国男子篮球职业联赛)全明星的比赛。在我国这些比赛对于提高人民群众的体育热情、培养群众参与体育运动和促进我国体育市场的形成有其积极影响。

二、现在运动竞赛安排的特殊要求

我国体育发展的策略是：以青年、群众运动为主，以奥林匹克为最高水准，以训练手段为主导的竞技体育发展策略。为推动我国竞技运动发展，顺应奥林匹克的发展，达到竞技运动目标，在全国范围内，应遵循“从上到下”的方针。在国内竞赛的时间上，应配合世界锦标赛，奥运会，亚运会等国际赛事的时间进行调整。全运会、全国锦标赛 、各个联盟的比赛和国内其他高水平大型的比赛以及全国其他高级别的大型赛事，都要在全国锦标赛开始前进行。各地组织的比赛要服从上级的比赛，以确保全国的比赛活动的整体性和计划性，使地区和整体之间的冲突得到有效化解。当前，我国的体育竞赛制度正在经历一场大的转型，其特点有：

1. 不断完善以全运会为中心的综合性竞赛体系，强化奥林匹克策略

全国综合性竞赛是国家最高级别的体育赛事，目的是提高我国竞技水平。全国运动会是促进国家发展、增强全民素质、迈向国际运动顶峰的重要措施。特别是全国性的体育赛事，应该给予足够的重视。我们的政策是保持奥运会的比赛制度，对它的项目进行调整，减少了比赛时间，确保了比赛的优先次序，使得它与奥运会的竞争策略保持密切联系。

2. 强化宏观调控和微观搞活

单项竞赛要做到“放权”，要降低政府对体育比赛的管理力度，必须从根本上改变观念，增强意识，转变工作方式。

第一，对体育赛事实施了严格的管理。包括了体育竞赛的管理职能、宏观政策、目标管理、战略规划、政策研究、协调各地区部门层级之间的发展规划与协调，制定和执行竞赛所必需的竞赛规程，引导各参赛单位按照客观需求和发展的规律开展竞赛，从而对竞赛社会化、多元化、制度化起到宏观调控作用。

第二，实行分级比赛，分级管理，放开激活各项比赛，以竞技水平作为客观指标，突破区域限定的报名方式，有成绩比赛的要进行达标赛，其他的按照排名进入国内顶级联赛。

3. 拓展竞赛经费渠道，主动推动竞赛社会化、制度化

第一，参与主体的社会化。这对竞赛的社会化至关重要。长期以来，我国的竞技运动一直是以政府为单位进行比赛。而私营企业举办的赛事规模很小，所以参赛人数也比较少，多为体育部门的工作人员，并不符合竞赛的全民性和社会性。竞赛社会化的本质是使竞技运动和社会主体有机统一。因此，要从政策上引导社会参加，加速招标的步伐，促进社会公众参与，使竞赛的管理更加广泛。同时，应拓宽竞赛管理的范围，以促进参赛主体社会化。体育竞赛对促进国民经济发展、促进社会稳定、促进体育事业发展具有重要意义。所以，竞技运动要依赖于所有的社会体系和经济组织的积极参加。要实现社会化经营，必须实现综合、协调、发动各方的积极性。

第二，来源的社会化。从整体上看，我国的体育应该由社会福利型向消费型、经营型转变。特别是在比赛中的投入要素组成上，越来越显示出资金密集型和技术密集型特征，比赛数量和比赛范围也在不断扩展，使得竞赛资金的投资难以挽回。因此，严禁推行体育经费社会化，应该充分调动国家、社会、运动员的参与，让三方按照一定的比率，合理地承担比赛的费用，并充分利用赛事的广告效应和号召力，引导各项目的经济利益，为竞技运动增添后劲和生机。

第三，竞赛设施的社会化。竞技装备是竞技运动社会化的一个主要依据。我国的体育赛事场馆社会化经营采取了“建设”与“发掘潜力”相结合、国家和社会的力量投入相结合的办法，通过联建、共建和社会捐助等途径，发展规模较小的体育竞赛活动场所。体育活动是体育竞技活动的重要物质基础。

体育竞赛的社会化是一个复杂的系统工程，必须有组织、有计划、有步骤地进行，并有相关的制约与体制，才能保证赛事的成功举办。通过实行竞赛许可证制度、举办竞赛等级制度、管理人员资格证书制度等，确保管理竞赛的社会化、良性发展。[1]

4. 各级政府管理竞赛部门要切实改变工作方式,以提升竞争的质量与效率为目标,服务于人才与成绩

在管理职能转变和竞赛放开搞活后,加强体育比赛的经济效益与赛事品质,特别是根据国际体育比赛技术发展的特点,制订出一套科学的比赛计划和比赛规程,并根据主次适当调整比赛中的项目比重,以适应青少年、竞技体育与群众体育、正式比赛与辅助比赛、教学性比赛等方面的相互影响。合理运用竞赛的方法,为人才和成绩提供有效的保障。加强竞赛的组织,制订有效的比赛规则,搞好分区的管理。排除一切可能影响公平竞争的因素。

第一,强化比赛的理论学习,提升专业技能和能力。

第二,中国的竞赛管理专家和裁判员将会在有计划的情况下加入一些国际性的机构,并获得更多的话语权和领导地位。

第三,因为各方面因素的影响,所以对现阶段运动竞赛安排提出了特殊要求。

第四,多层选拔运动员,培养后备力量。

第五,适应于奥运会战略。

第六,有利于动员社会上多方面资金投入到体育建设上来。

第七,体育竞赛安排应具有较强的稳定性,促进体育俱乐部的改革和发展,形成体育产业。职业联赛与国家体育战略目标要协调一致,要服从国家利益。职业联赛的安排要有利于发展体育产业,如在比赛时间上的安排钥匙和观众的要求。

第八,应考虑到竞赛参加者的特点。

第九,充分考虑运动项目的季节特征。

---

① 史国生、邹国忠主编:《体育竞赛组织与管理》,南京师范大学出版社 2008 年版。

第四节　体育赛事与社会环境

一、体育赛事与文化宣传

(一)体育赛事与民族文化

民族文化和群众基础的适应度是一项体育赛事之所以能取得成功的主要因素之一。目前,我国的竞技运动发展中,存在一种比较“媚外”的趋势,比如 F1(世界一级方程式锦标赛)、ATP(国际职业网球联合会)之类的比赛,我们可以看到 F1 上海站虽然投入了巨大的资金,但经过了这么多年的发展,国内的赛车行业非但没有得到很好的宣传反而整体呈现衰竭的迹象。鉴于这一点,体育赛事的发展要以大众喜爱和人文意蕴浓厚的体育活动为重点,例如,我们国家的传统武术就具备了良好的社会文化底蕴,但因为受到了近代历史一百多年的屈辱,我们忽视了对武术的现代化改革。在民俗体育项目、武术传统项目等方面,可以从现代化、娱乐化和健康化的改革中来培养民族传统体育项目。①

(二)体育赛事与品牌营销

就当前而言,国内拥有好的品牌影响力的体育赛事尚属少数。从联盟的视角来看,CBA(中国男子篮球职业联赛)和中超这两大联赛中,大部分的运营公司仍在赔钱,而在一些单项或综合性的体育赛事上,迄今还没有建立起

① 吴亮:《NFL“超级碗”的成功及其对我国体育赛事发展的启示》,《南京体育学院学报(社会科学版)》2017 年第 31 卷第 3 期。

属于自己的品牌。太湖自行车赛、青海湖自行车赛、扬州半程马拉松赛等单项运动项目虽已颇有名气，但在国内的自主品牌影响力仍显薄弱。目前，国内体育赛事的一些比较突出的问题就是“空心化”，多数运动项目缺少了核心观念。在比赛中，赛事品牌价值是比赛的精神所在，一般有影响的比赛都会有优秀的比赛理念，而国内的运动项目则需要建立自己的观念，建立完善的形象标志，并用需要进行大力宣传。

在我国的体育赛事开发中，应积极寻求自己的一体化营销传播方式。通过广告、促销、公关、CI 等多种方式的整合营销，加强赛事与赛事客户（潜在顾客）的沟通。更重要的是要强化各项营销制度，健全各项规则，建立健全各项竞赛管理体系，以提升比赛的质量，争取大众的认可。

二、体育赛事与政策支持

“十三五”期间，我国的体育事业经历了一个非凡的发展。《关于加快发展体育产业促进体育消费的若干意见》的颁布（简称 46 号文件），更加清晰地对体育产业进行了定位，推动了我国体育产业的快速发展。46 号文件提出，要把重点放在竞技表演业上，发展各类多层次、多样化的体育赛事。“十三五”期间，我国已举办了 7 项重大的体育赛事。例如，2019 年中国首次举行大规模的国际军事运动会，此次比赛的顺利举行，充分展示了“体育传友谊”的军事体育精神。[①]

北京冬奥会、冬残奥会、杭州亚运等多项体育赛事都是“十四五”时期国家高度重视的发展项目，除此之外，我国对其他多项体育活动也都给予了高度的关注，都是“十四五”规划中必须高度重视的任务。2020 年 6 月 30 日，《关于促进和规范社会体育俱乐部发展的意见》中明确指出，要大力支持、引导社会力量丰富体育活动，健全社会体育俱乐部等各项活动，打造一大批高

① 宋昱、史文逸、戴朝：《“十四五”时期我国体育赛事高质量发展路径审思》，《南京体育学院学报》2021 年第 20 卷第 9 期。

质量的社会体育活动。习近平同志在 2020 年 9 月全国教育文化卫生体育等专家会议上作了重要发言,他强调,要为北京冬奥会做好充分的准备,使各项活动办得更精彩。这一切都表明了“十四五”时期,国家和党对体育工作给予了极大关注。

三、体育赛事与疫情

2020 年,东京奥运会宣布延期举办,新冠疫情的迅速蔓延使外国游客不能进入日本观看奥运,朝鲜、萨摩亚等国家相继表示不参加东京奥运会。像奥运会这种世界顶尖的体育赛事,在受到严重打击的情况下,可以采取各种方法来减轻损失。但对于其他体育赛事来说,在新冠疫情这种全球范围的大灾难面前,恐怕就很难掌控局面了。

当今世界正在经历百年未有之大变局,新型冠状病毒的蔓延加速了这种变化进程。这场世界范围内的瘟疫,给体育行业带来了巨大的冲击,世界各地的体育产业都陷入了萧条和经济停滞。国际赛事的大规模停摆,使赛事投资商蒙受巨大损失,职业赛事的大规模延后或取消,对主办机构产生了直接的冲击,导致了职业俱乐部的经济停滞不前,甚至有破产的迹象,门票销售、赞助商投资、赛事版权等创收渠道都受到了阻碍,这不仅会影响到赛事的举办,还会降低赛事举办方对赛事的热情。与此同时,国内不少比赛被推迟或被取消,职业联盟遭遇财政困境,比赛赞助商撤资,竞赛版权减少,门票收入下降。各大赛事公司的经营陷入低迷,整体体育赛事行业发展缓慢,严重影响到了体育赛事的发展。

第五节　影响体育赛事的具体因素

由于体育赛事的快速发展和比赛形式的多元化,体育比赛中的非训练性、非竞争性的因素在体育比赛中的作用越来越明显。现在体育竞赛已经不仅仅是体力技术的竞争,运动员心理素质、智力水平、意志力等因素都可能直接关系到选手的临场发挥和比赛成绩。也就是说现在运动员在赛场上已经不仅仅是进行运动技术、身体素质的比赛了,它包含了运动员的智力、心理、运动员的装备、科学训练的方法、营养等多方面的竞争。甚至在某些意义上已经是各个参赛国综合国力的竞争了。因此,非训练性、非竞争性因素日益引起了世界范围内的重视。

一、比赛地点的特征

场地的重要性也会随着这项赛事的知名度和竞赛的激烈度而增加。如足球、篮球、冰球、排球等运动中,“地域”是决定比赛策略的一个关键要素。例如,在我们国家举办的乒乓球比赛:我们优秀的乒乓球选手众多,由于在我国举行比赛,所以中国优秀的运动员赢得更多的机会,这样就对其他国家的选手造成了很大的压力。他们要面对更多的竞争,获胜的可能性更低。比如在足球比赛中面对不同地域的球队要布置不同的战术:如果是对阵南美洲和北欧的队伍 ,那么我们知道南美洲球员的脚法细腻、技术好,但是身体不很强壮,是纯技术的打法,而北欧的球员身体强壮,但技术粗糙,是以力量型的打法,对于这样的两个队伍我们要布置不同的战术打法。

现在运动员参加的比赛更多的是各种职业联赛,这种比赛的场次多,进行的时间长,密度大,其中对运动员和运动队影响最大的就是主客场制度。在主场作战的运动队就在占据着主动。因为,客队要在上次比赛结束后,迅速赶往比赛地点,如果距离客场的路程比较远,运动员达到之后还要进行调整,然后才能进行训练,而主队则是以逸待劳,在体力上占据着很大的优势。又因为是主场,在心理方面也有很大的优势。因此,在自己的主场胜率要比在客场多得多。现在各个球队在主场或客场上都有不同的要求,并制订不同的战术和训练方法。

二、球迷的影响

俗话说天时地利人和。主客场制的产生,主场队伍不但有天时地利,还有一个很重要的因素就是人和。观众通过自己的行动给比赛营造了某种心理气氛。喝彩或喝倒彩(在一定的道德范围内)都会影响运动员的心理。观众的热情使比赛的氛围更加热烈。例如,在篮球比赛中主场的观众对于客场球队的投篮命中率都有很大的影响,主场的观众都会在客队的篮球架后面晃动不同的物品,对客队队员的投篮进行影响。这并不是一种犯规,而是一种规则允许内的行为。客队队员要面对更多的是主场观众的嘘声,这无疑会对运动员产生心理上的波动。运动场上的形势是复杂多变的,运动员会根据赛场和观众的反应,出现一些身体和心理的变化,可能直接关系到选手的技术水准,进而影响最终的结果。

三、比赛的设备影响

比赛场地的质量,包括:覆盖物的质地——人造的、木质的、自然的等,比赛的照明设备,竞赛的日程安排,比赛用物的质量等都对运动员产生很大的影响。例如,2004 年 9 月,NBA(美国男子职业篮球联赛)的国王队和火箭队的季前赛在中国的上海和北京进行了两场比赛中,美方提供了所有的运动设备。虽然美方声明是为了让中国的观众看到原汁原味的 NBA(美国男子职业篮球联赛)比赛,才这样做的。但是也不排除为了保护他们的运动员,因为,

NBA(美国男子职业篮球联赛)的篮球运动员习惯在他们自己的场地上进行比赛,如果换了不同的场地设备就会对他们的技术发挥造成影响,甚至造成运动损伤。

四、比赛地点的地理状况

天气与时差对比赛产生了一定的影响。气象特性包括:同水平的日辐射、大气压、温度、湿度、海拔等。在不同地点的比赛,教练必须事先做好充分的准备和培训。例如在日照强烈的地点进行户外的比赛就要准备防晒霜。我国自行车运动员在菲律宾进行比赛时,由于我们的防晒产品质量并没有达到要求,很多运动员都被晒伤了,直接影响了比赛的进程。例如,足球比赛,如果要是在湿度很大的地方进行比赛,草皮的湿滑程度对于运动员的奔跑和技术的发挥都会造成直接的影响。时差对运动员躯体性和植物性生理节律的稳定性有一定的影响。这些例子都充分地说明了比赛地点的地理状况对于运动员的技术发挥会造成很大的影响。

五、裁判员的品格

同时,裁判的职业道德素质专业素养对比赛的影响也至关重要。在一场比赛中,裁判员的判断是否正确对竞赛的整体效果有很大影响,特别是在评分类的项目中显得更为重要。

六、教练员的行为

尽管在竞赛中对教练员行为有一定的约束,但是在竞争环境下,教练员的反应行为可以分为三类:干扰行为、促进行为和静观行为。在比赛中,教练员的言行会对运动员的行为有很大的影响。教练在评估对手、对局势进行判断时,会对运动员的心理造成很大的影响,在竞赛中,教练员的一言一行都会给运动员带来很大的影响,而在制订目标的时候,也会给运动员带来巨大的压力和紧张感。此外,教练的语言声调、身体姿势、面部表情等的改变,也会给选手带来意想不到的效果,进而影响比赛的整体表现。在这方面,国内外有许多成功或失败的经验,但是不是所有的教练都知道自己言行的重要性,教练们也会变得心浮气躁,尤其是在决定胜负的关键时刻。所以,教练员应该增强自身的自我意识和心理调节。

第二章 体育赛事筹备

第一节 体育赛事选择与申办

一、体育赛事的选择

（一）政府机构对体育赛事的选择

政府机构对体育赛事的选择，通常是将体育赛事视为公共产品或者准公共产品，对其社会效益与经济效益综合考虑后进行决策。公共产品是指可供社会产品共同消费的产品，这些产品在每一社会成员消费时不会导致其他社会成员对该产品的消费减少，具备非排他性和非竞争性的产品。准公共产品则是指具备非排他性和非竞争性两个特点中的一个，另一个不具备或不完全具备，或者虽然两个特点都不完全具备但却具有较大的外部收益的产品。

由非政府机构举办体育赛事，很难获得广泛范围内的社会效益或者影响，这正是政府机构成为体育赛事选择、申办及运作管理中活跃角色的根本原因。以上海市为例，2018 年 12 月，上海市体育局局长办公会审议通过，并报市政府领导同意发表了《建设国际体育赛事之都三年行动计划（2018—2020 年）》。计划中提到，体育赛事是建设全球著名体育城市的关键支撑，是体育产业和现代服务业的重要内容，是城市软实力和综合竞争力的重要体现，是提升上海城市能级和核心竞争力的重要载体。全力做好 2019 年篮球世界杯上海赛区各项筹办工作，办好 F1（世界一级方程式锦标赛）中国大奖赛、上海 ATP1000 网球大师赛、NBA（美国男子职业篮球联赛）中国赛上海站、国际田联钻石联赛（上海站）、环球马术冠军赛（上海站）、上海国际马拉松赛、国际滑联“上海超级杯”短道速滑及花样滑冰队列滑大奖赛、世界高尔夫锦标赛——汇丰冠军赛、环崇明岛国际自盟女子公路世界巡回赛、世界斯诺克上海大师赛、世界体育舞蹈联合会大奖赛总决赛和中国坐标·上海城市定向户外挑战赛等年度品牌赛事。举行这一系列重大比赛，不仅可以大大提高体育竞赛水平和筹办赛事能力，也有力促进城市服务业的发展，进一步提高城市的国际竞争力，不断提高城市的文明程度和市民精神文明素质，同时进一步推动全民健身运动的普及与发展。

政府机构在选择体育赛事的过程中应该着重考虑以下几个方面：

1. 考虑地区的体育传统因素

不同的体育项目在各地区受欢迎程度是不尽相同的，这也将影响到该地区相应体育项目的竞技水平高低和市场环境好坏。在某个国家或者地区为人推崇的赛事，在另一个国家或者地区举办可能会乏人问津，备受冷落。所以，政府机构在选择体育赛事时，首先要考虑当地的体育传统因素。例如，广州市选择申办 2019 年男篮世界杯赛区，其中最重要的原因是广州有较高的篮球竞技水平，群众基础广泛，篮球市场环境良好。广州先后举办了 2001 年全运会、2010 年亚运会、2015 男篮斯坦科维奇杯等国内颇具影响力的篮球赛事。这些都表明广州具有良好的篮球体育传统，有利于赛事的申办和运作。

2. 考虑地区的地理及人文因素

除体育传统因素外，政府进行体育赛事选择时，还应根据赛事本身的特点，结合当地地理、文化、传统等因素加以考虑，这对能否办好一个赛事带来相关的社会与经济效益也有很大的关系。2019 年在四川省成都市举行了第十八届世界警察和消防员运动会，当地政府在选择申办该项运动会时主要原因之一在于成都作为西南地区重要的中心城市，是国家历史文化名城，是古蜀文明的发源地，也是中国的十大古都之一，有着悠久的文化背景，积累了相当丰厚的历史文化底蕴,成都不仅有充足的旅游资源,还有着较为完善的体育基础设施。世界警察运动会在成都举行,与地理、人文相契合,有利于推广其丰富旅游资源,塑造生态城市形象。

3. 考虑地区的经济实力及抗风险能力

考虑地区经济实力既包括政府机构的财政状况,也包括当地的整体经济水平、人们的消费能力。体育赛事崇尚平等,不分贵贱,但和其他产品的服务一样,面对着不同的消费群体。例如,高尔夫等这样的赛事面对的通常是高消费群体,门票昂贵,而像足球、篮球、排球这样的比赛面对的社会群体覆盖面则相对广泛,其门票价格也能为普通大众所接受。起初全国运动会是国内最大规模、最高规格的综合性运动会,不是每一个城市都有经济实力可以承办。随着我国经济、社会的全面发展,人民生产和消费水平的提高,国务院于2000年底批示,同意取消全国运动会由北京、上海、广东三地轮流举办的限制,允许有条件的省、自治区、直辖市申请举办全国运动会。2021年国务院印发《全民健身计划(2021—2025年)》支持各地利用自身资源优势培育全民健身赛事活动品牌,鼓励京津冀、长三角、粤港澳大湾区、成渝地区双城经济圈等区域联合打造全民健身赛事活动品牌,都是根据体育赛事带来的巨大经济效应促进区域间协同发展的巨大举措。考虑城市举办体育赛事的抗风险能力是由经济实力延伸出来的,面对突发事件的背景下应急处理的综合实力,以及如何预防风险的保障能力。例如,2019年全球陷入新冠疫情的阴霾笼罩之下,全世界各地区赛事都面临着延期和停摆的情况,赛会制也成为恢复比赛的主要方式。例如,2019—2020赛季CBA联赛停赛后积极复赛,采用赛会制方式在青岛和东莞两个赛区进行。全程严格遵照防疫标准,空场举行、集中开赛、虚拟观众。

(二)非政府机构选择赛事

非政府机构主要包括企业、事业单位及社会团体。非政府机构根据其组织目标可划分为非营利机构和营利机构。

非营利机构如社会团体，选择赛事时其动机与政府机构有类似之处，即以社会效益为首要目标，但是考虑的范围和程度有所不同，涉及的社会领域更为具体。

营利机构主要是指企业，根据资本组织方式不同分为独资企业、合伙企业、公司。企业经营的最终目标是获得利润，这就决定了企业在选择赛事的首要目标是经济效益，即期望通过赛事的运作获得企业利润。现代社会法治建设的逐渐完善，有市场经济的公平竞争，以及公众对企业社会公民意识的强调，也约束和限制着企业“唯利是图”的行为，也必须遵守一定的法规、制度及规则。因此，企业在选择赛事时不可忽略社会效益。除此之外，非政府机构在选择赛事的过程中还需要着重考虑以下三个因素：

1. 政府对该项体育赛事的态度

体育赛事，尤其是大型体育赛事，已被公认为“社会事件”，其运作管理必然涉及各项政府职能，如城市交通、社会安全、市政建设等。2014 年国家体育总局正式取消“商业性和群众性体育赛事”审批，鼓励各地积极举办各项体育赛事，促进体育经济和全民健身的发展。政府机构对基层举办商业群众性赛事持有正面积极的态度。明确将全民健身上升为国家战略，把体育产业作为朝阳产业培育扶持，随着取消商业性和群众性体育赛事活动审批、发展健身休闲项目、丰富业余体育赛事这些政策的提出，将有利于社会资本进入体育赛事活动运营的行列，也会引起赛事举办和群众参与赛事的潮流现象。但大型体育赛事涉及体育部门、公安部门等数十个政府行政主管单位，对于举办赛事的类型是否符合政府规定，还需举办方多加关注。

2. 该项体育赛事运作的现金需求

政府机构和非政府机构在选择赛事时的确需要评估赛事运作所需要的资金，衡量自身的财务状况能否支撑赛事的运作，以及评估、预测赛事的成本—效益。但对于非政府机构而言，需要比政府机构更多地关注赛事运作所需要的现金流，这里的现金流不仅指现金的总量，还包括现金的分布。

3. 体育赛事运作的人才与经验

无论是政府机构还是非政府机构运作赛事，都需要适宜的人与相关的经验，但是由于政府机构在调配人力资源上具有相当大的优势，因此，这个因素在政府机构赛事的过程中并非突出问题，而非政府机构则很难在较短的时间内借调或招募到合格的赛事运作人才。

二、体育赛事的申办

一方面，体育赛事的资源是有限的，政府机构或非政府机构一旦对体育赛事作出了选择，就意味着与作出同样选择的机构成为竞争对手，尤其是知名的品牌赛事，更成为国家、地区、城市争夺的稀缺资源；另一方面，从体育赛事所有者的角度而言，赛事也需要拓展自身生存空间，在更多的城市、地区乃至国家举办赛事，有利于推广赛事品牌，获得更为广阔的赛事市场。

（一）国际重大体育赛事的申办

国际重大体育赛事通常是指多个国家、地区代表团参与的大型综合型运动会及单项体育赛事，如奥运会、世界大学生运动会以及由国际包括洲际单项运动联合会组织的单项赛事。这类由国际体育组织主办的运动会，均已形成体系并建立了较为规范的申请程序。通常都是由主办地或国家、当地政府或体育组织按规定向主管组织或国际体育组织提出申办报告，然后由该组织进行考察和评估，最后由体育组织成员代表投票表决。

（二）国内重大赛事的申办

国内主办的重大赛事主要分为两类：第一类是按奥运会项目设置并以竞技体育为主要目标和任务的全运会、城运会、省运会、大运会、中学生运动会、全国锦标赛、全国冠军赛、全国联赛、包括与之相对应的省级比赛。第二类主要是以非奥运会项目设置的群众体育、娱乐体育、特定人群参加的赛事,如残疾人运动会、农民运动会、少数民族运动会、全国体育大会等。

由国家体育行政主管部门主办的,按奥运会项目设置的大型综合型运动会,主要是按以下程序申办:省级政府向国家体育总局提出申办提示,国家体育总局竞技体育司分析申报材料,并牵头组织其他职能单位对申办地进行考虑与评估,提出评估报告,由国家体育总局办公会研究提出明确意见,报国务院批准。

非奥运会项目的赛事申办,分为三种申办途径:

第一种:大型综合型运动会。主办地政府向该项目运动会的主办机构——行业体育组织提出申办报告,并由主负责的部门进行牵头,得到体育组织的考察和评估,最后报国务院批准。

第二种:单项体育赛事。由申办者向国家体育总局或下属职能司、项目管理中心直接申请审批或经总局同意后由职能司、项目管理中心发出批准文件。也可以由各相关行业体协审批。但行业体协主办的单项赛事通常是本行业内的比赛。

第三种:军队的体育赛事。由总参军训部体育训练局审核,中央军委领导批准。

第二节　体育赛事筹备简述

赛事筹备阶段是指从取得赛事举办权后开始准备赛事至赛事正式举办这一工作阶段,是体育赛事运作全过程中时间最长也是最主要、最重要的工作阶段。

筹办体育赛事与其他活动基本上一样,都包括组织管理的基本要素。筹办赛事是赛事经营管理的一部分,在组织框架下运作。赛事经营管理是运用资源和影响他人的行为,以达成组织目标的社会和技术过程,预期目标需通过集体的合作来达成。规划和安排赛事是一个复杂的过程,并且充满许多不确定的情境。赛事管理者必须面对与处理其中的复杂性与不确定性,并且制订出一套计划,以便将这些不确定性引导到一个井然有序的情境中。

一、筹办体育赛事的作业程序

适当的规划过程包括三个步骤:

第一,确认要达成的目标。

第二,协调人或者组织的行动。

第三,了解资源的限制。

二、赛事筹备规划的基本步骤

赛事筹备规划要注意所有的细节,以下是筹办体育赛事的相关步骤:

(一)设定赛事目标

是否想要通过赛事的筹办为组织赚一些额外的收入?要赚多少?这样的赛事是否可以为组织创造宣传效果?赛事是否有不同于以往的特色?提出这些问题,可以让赛事管理人员对赛事的目的和焦点具备正确的概念。此外,寻求这些问题的解答将有助于勾勒出赛事的框架。在理清细节的逻辑关系之前,体育赛事管理者必须界定赛事及相关的目标,只有这样才能使整个规划过程始终指向目标的实现。

(二)确认优势、劣势、机会和威胁

在问题提出的过程中,要确定组织和赛事的优势和劣势。即使是在古代,活动规划者也会提出相同的问题,最早的评估优劣过程的文献记载是 20 世纪 50 年代美国的军队规划者发展和使用的,其中提到了优势、劣势、机会和威胁

(SWOT)的分析。许多管理职务经常都需要进行的 SWOT 分析,对赛事规划而言极端重要。

为了使 SWOT 分析更有效,一个好的做法是建立核查表。在核查表中可以列举和评估组织的优势、劣势、机会和威胁。一开始建立核查表时必须尽可能地让组织中所有的重要成员参与,核查表完成后,最好让一些没有参与这些过程的人提出建议和意见。

(三)建立和监督规划过程

在达成组织目标的策略后,赛事规划正式开始。有效率的赛事规划需要适时和高效地完成关键性的作业。有一个方法不会让你措手不及,并且确保所有事情都能及时完成,那就由完成日往前推算,反向规划。反向规划可以运用 1917 年美国工程师和社会学家亨利 · 甘特(Henry L. Gannt)发明出来的甘特图来呈现,具体运用方法在下一节中讲述。

(四)管理赛事的逻辑法则

完成赛事核查表后,赛事管理者所要面对的下一个问题是“要如何核对核查表中的项目”以及“谁可以帮助我完成这些事情”。这些问题涵盖了赛事管理的逻辑法则。构建一个执行进度时间表以及有效沟通的模式,确保参与赛事筹办的每一个人都知道如何取得信息和答案。不过要将培养赛事成员自行解决问题的能力纳入职员和志愿者训练内容中。

(五)激励和影响赛事的志愿者

赛事管理者必须给没有太多经验的志愿者适当的训练,以确保在执行任务上使之能够具备必要的能力。同时,管理者也必须激励志愿者。由于志愿者并没有支领薪水,因此要以金钱作为有效的激励工具并不容易。赛事志愿者常常担任重要的任务,因此如何运用金钱以外的方式来激励和影响志愿者的行为就显得相当重要。即使在所有体育赛事的工作人员都支领薪水的情况下,管理者仍会面临“如何才能激励职员”的挑战。

(六)赛前简报

为什么要做赛前简报呢?因为这可以让所有参加赛事的成员确认赛事的核查项目是否已经完成,所需要的后勤作业是否顺利协调,以便确保所有赛事计划作业项目都在掌握之中。这些会议可以修正赛事中可能发生的差错。每一个赛前简报都包含了在赛事开始前的最后阶段所需要检查的重点,让赛事职员重新将注意力放在他们的职务和所分派的任务上。

赛前简报的建立,可应用在不同类型的赛事和活动上,也是提高专业技术素养的催化剂。赛前简报的次数必须经由全体赛事管理者事前决定,通常会根据赛事的复杂程度来决定。每一次的赛前简报必须精确和清楚。假如不考虑赛事的复杂程度,至少要出 3 次赛前简报。一次是请所有的赛事工作人员参加,一次是请赛事管理者和督导者参加,还有一次赛事督导者和他们的团队自行做一次。

(七)及时追踪赛事组织情况

常见赛事规划失误,是在赛事开始后没有持续地追踪计划执行的情况。赛事核查表是有顺序的、线性的,管理者通常希望以由上而下、先行后续的方式进行每个项目。但实际情况是,许多赛事往往是以非线性的方式进行,因此赛事工作人员和管理者必须具备调适和应变能力。可能的话,应该在赛事筹办过程中设定一些标杆,因为可以让管理者、工作人员及督导者评估赛事目前的状况。

为了赛事的成功进行,管理者必须训练一批督导人员,追踪赛事每一阶段的成功和失败的因素,并让督导人员和工作人员知道,虽然赛事不太可能完美无瑕,但是他们必须避免相同错误的一再发生。

（八）建立和执行赛后检查

通过赛事筹办项目的核查表以及督导日志，管理者可以对赛事进行评估，管理者需找出赛事筹办过程中所有正面与负面的事物，并且思考如何改善，让所有的作业更有效率，尽快地修正核查表，甚至调整赛事的方案。

（九）赛事后的清洁和收尾

每个人都知道，不要成为聚会后最后一位离开的人，为什么？因为聚会结束后的最后一个人通常需要清扫会场。赛事最困难的部分之一就是清洁、收尾或复原场地。身为赛事管理者必须规划赛后的清洁作业流程，并尽量让这项工作更有效率、不让人厌恶。赛后所有收尾工作必须谨慎规划。管理者必须谨记，赛事所带来的刺激和兴奋已经结束。因此，为了让工作人员和志愿者仍旧愿意继续有效率地执行任务，必须维持工作人员的动机和专业素养。不能容忍敷衍了事的收尾过程，投机取巧、违背程序的收尾工作将会损害赛事未来的收入和名誉。

（十）赛事结算

清算账目和结算的作业程序在赛事清洁和收尾工作期间就已经开始。清算账目包括赛事中所使用的设备彻底地盘点，这些设备既包括具有明确租借程序的租借设备，也包括组织拥有的库存设备。

账目结算的事宜必须在赛事开始前就着手规划，建立核查表来确认作业规划的全面性以及结算作业能否完全依照计划进行。因此，将结算作业项目排定优先级，让工作能够依照核查表，平稳顺利且快速的进行。参与清算账目和结算的作业过程，可以让管理者在规划未来赛事时做得更好。

第三节 体育赛事总体计划制订

一、体育赛事总体计划主要内容

总计划的内容主要包括赛事的名称及组织机构的表述，赛事的背景与“亮点”的规划与描述，主题与指导思想的表述，赛事内容、规模与安排的表述、赛事资源与取得资源方法的表述，整个体育赛事中的大型活动、主题活动、相关活动的表述和其他表述，等等。

体育赛事确定后，主办单位和承办单位必须事先制定工作计划，通过实施预先制订的工作计划，方可确保体育竞赛的顺利进行。最为简单的工作计划是用赛事工作计划任务清单的方式来进行的，该计划中包含竞赛、营销、财政预算、法律风险、人力资源、后勤保障、信息技术管理等要素。计划的各个任务领域都存在进一步细致的内容，如风险管理的合同签订、赞助、环境管理、信息技术、交通、营销中的规划销售、礼遇、媒体传播、社区、警察和志愿者等。每一个计划有一系列目标的设置，具体目标的完成就可以促进整体目标的完成，某一具体计划包括行动计划和进度表。见表2－3－1所列。

（一）赛事工作计划任务清单

表2－3－1 赛事工作计划任务清单

	项目	要素
赛事计划	财政预算	现金流动、收入计算……
	风险管理	合同、保险、法律、执照、许可、安全、通行证……
	人力资源	志愿者招募、志愿者训练……
	后勤	场馆设施设备、住宿、门票、交通、储存检查、资格审查……
	信息沟通	通信、信息管理系统……
	营销	彩票、广告、版权、赛事手册、推广、门票……
	竞赛	注册、报道、比赛、奖金/奖品……

（二）反向规划甘特图

反向规划甘特图可以显现出每项作业之间的关系、预期和实际的工期、团体或个人在各项作业的责任以及项目或赛事的里程碑。

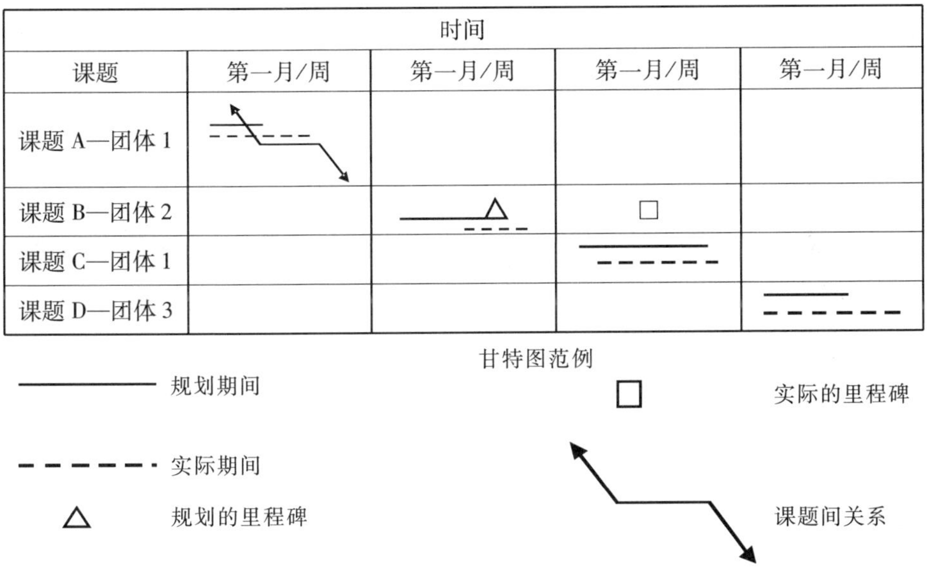

图 2－3－1　反向规划甘特图

当你利用反向规划甘特图从头到尾完成赛事规划后，要用心地回想最初的规划会议，以确保即将到来的每个赛事环节都在你的系列规划之中。确认比赛日期中的每一件工作、项目或比赛都在规划中。以这样的方式练习赛事规划，有助于体育管理者更细致地思考赛事中的具体细节。以这种方式规划也是一种另类思考的方式。

二、体育赛事总体计划制订流程

工作计划流程能直观地反应工作任务要求、谁负责哪项任务、完成任务允许的时间和各项任务之间的关系，给赛事管理者提供整体蓝图，为赛事实施提供重要依据。

通过制作流程图的方式直观地表现出来,流程图中重要的和有效的是甘特图(Gantt),甘特图基本上是一种线条图,横轴表示时间,纵轴表示要安排的活动,线条表示在整个期间内计划的和实际的活动完成情况,能直观地表示要安排的活动,线条表示在整个期间内计划的和实际的活动完成情况,能直观地表示计划任务在什么时候进行,以及实际进展与计划要求的对比,是管理者很容易搞清一项任务或项目还剩下哪些工作要做,并且能够评估工作提前还是拖后,或是按计划进行。甘特图还包括职责、资源和时间框架与任务的依赖关系,任务依赖关系表明了此项任务必须在下一个任务开始前完成。从甘特图的意义和特点来看,在对关键日期、截止期限和有相互关系的赛事任务处理上,运用甘特图较为可行,可以表明所有在时间框架内开始和完成的任务,显示被指派职责和任务的依赖关系,具体可参照下列虚拟赛事的甘特图,见表 2-3-2 所列。

表 2-3-2 赛事 Gantt 图样本

任务名称	负责部门	某年 5 月	6 月	7 月	8 月	9 月	10 月
可行性研究	筹委会						
任命委员会	组委会						
……	……						
下级委员会	组委会						
选择场馆	工程部						
志愿者招募	人事部						
发报名表	竞赛部						
发邀请函	市场开发部						
赛事宣传	宣传部						
食宿安排	行政接待部						
安排裁判员	竞赛部						
销售门票	票务部						
礼遇安排	后勤部						
赛事期	竞赛部						
……	……						
汇报和评价	组委会						

三、体育赛事筹备工作网络图的研制

大型体育赛事的筹备工作,犹如一个庞大的、复杂的社会系统工程,紧靠传统的管理方法显然已经不能适应了,必须引入现代化、科学化的管理方法。现代大型综合性运动会的组委会在办赛的筹备过程中,基本都采用了现代筹备工作网络图的办法进行宏观管理。因为充分利用网络图的作用和功效对其筹备工作进行指挥、协调、管理、监督等,效果是较为明显的。现就如何研制筹备工作计划网络图进行简要阐述。

(一)大型体育赛事筹备工作网络图的性质与作用

在现代体育管理领域中,对大型综合性体育赛事的管理日益引起人们的重视。计划网络图是系统工程的一种方法。它的基本思想是“统筹兼顾,求快、求好、求省”。它的基本原理是将拟定开发项目的计划作为一个系统来看待。通过网络图的形式对整个系统全面规划,并分轻重缓急进行协调,达到以最少时间和资源的消耗来完成整个系统的预定计划目标,取得最好的社会、经济效益。因计划网络图是各筹备工作职能机构工作的基础上绘制出来的,因此,该工作计划网络图适用于大型体育活动筹备委员会和组委会对办赛各职能机构的筹备工作进行管理、检查、协调、监督等,从我国近年来的历届大型活动筹备工作的情况来看,其效果是十分喜人的。

(二)研制体育赛事筹备工作网络图的具体办法

计划网络图最重要的功能之一,是对管理对象“时域”系统进行计划、组织、指挥和控制。根据对工作时间的不同估计方法,网络图可分为肯定网络和非肯定网络两种。

由于大型体育赛事的各项筹备工作涉及的确定因素很多,易受到各方面条件的影响,对每项筹备工作很难精确地估算完成的时间。因此,从确定网络图中包括的每项工作的完成时间的方法来看,大型体育赛事筹备工作计划网络图是非肯定网络图。划分肯定与非肯定网络图的标准之一,就是对每项工作完成时间估计。“对每项工作只估计一个作业时间所绘制出来的网络图,叫肯定网络图。”而每项工作完成的时间也是能够精确计算出来的。“对每项工作估计三个完成时间,再由三个时间算出完成该项目的期望时间,所绘制出来的网络图,叫非肯定网络图。”具体包括:

第一,计划网络图工作项目的确定。

第二,计划网络图每项工作项目起止日期的确定。

第三,计划网络图工作之间逻辑关系的处理。

第四,计划网络图中各项工作责任部门、协助部门的确定及其表述。

第五,筹备工作计划网络图关键路线和关键管理点的确定。

(三)绘制筹备工作计划网络图需要注意的事项

确定大型体育赛事筹备工作的基本内容是研制计划网络图的基础。

正确认识大型体育赛事各项筹备工作和筹备工作之间的各种逻辑关系,是编制计划网络图的重点之一。大型体育赛事的整个筹备工作是一个有机的整体,是一个动态的过程,应当用发展的眼光、辩证的方法来管理整个赛事筹备工作。对较高层次的大型体育赛事筹备工作计划网络图的管理,采用“关键管理点”的方法,不仅有利于较高层次部门的管理、检查、监督,也有利于各实际工作部门的负责人进行管理。对大型体育赛事各项筹备工作所需要工作时间的计算,可采用专家逻辑推理法和专家估计法。要有效地运用计划网络法对大型体育赛事筹备工作进行管理,必须要有行政指令性,同时应建立一套与之相适应的配套的规章制度才能取得更好的效果。大型体育赛事筹备工作计划网络图应是多层次的。对大型体育竞赛活动筹备工作计划网络图应建立经常性检查制度,并不断地进行协调,才能保证各种计划得到落实,使赛事筹备工作按时到位,确保大型体育赛事正常进行。

四、体育赛事运作管理系统结构

体育赛事运作管理如同其他运作管理一样，都是输入向输出的转换过程，其中“投入”是体育赛事所拥有的资源，是体育赛事运作管理的约束条件，“产出”则是体育赛事运作管理所要达到的目标，而“价值转化过程”正是体育赛事运作管理的核心环节，是决定能否对资源有效配置，对整个体育赛事的整合，以达到体育赛事的增值，营造赛事经济效益和社会效益的过程。

“价值转化过程”包括的三种主要职能分别是计划、组织与控制。计划主要包括体育赛事环境分析与需求预测、赛事战略的选择、总计划的制定、财务项等。组织主要包括对体育赛事各项工作制度设计、业务流程设计、组织机构设置、人力资源管理等。控制主要包括体育赛事的成本控制、进度控制、质量控制等。从一定意义上来说，体育赛事运作管理的实施，实质上就是计划、组织、控制三项职能在体育赛事竞赛管理、营销管理、后勤保障管理、风险管理等各项工作领域中的运用过程。

体育赛事运作管理与一般生产运作管理的不同之处在于体育赛事运作管理的生产和消费同时产生。这里的生产是指体育赛事及其相关服务的提供。尽管体育赛事前期要做很多的筹备工作，但是它的最终产品是现场的比赛和观众的现场欣赏同时发生的，无法像一般的货物或商品一样进行储存。体育赛事运作管理的这一特征使得体育赛事也不能像一般的货物或商品一样进行预先检测，因而，体育赛事运作管理的“产出”中有许多不可确定的因素，具有相当高的风险，在实践的过程中必须运用多种措施来防范各种风险。

五、体育赛事总体计划注意事项

（一）体育赛事总计划拟定的目标要明确

目标是总体计划各部分内容的基准和统领。没有目标或者目标含糊的总体计划将无的放矢,甚至是一盘散沙、自相矛盾。目标明确则有助于总体计划逻辑清晰,内容紧凑。

(二)体育赛事总体计划涉及的内容要全面

它是指赛事运作管理相关的各项部分工作内容在赛事总体计划中都应该有所涉及和体现,补课缺漏。赛事的运作管理是系统工程,需要各个方面工作的协调合作。总体计划对任何一方面相关工作的遗漏或者忽略,都将造成实施阶段的成本增加、协调困难,甚至会造成重大失误。

(三)体育赛事总计划安排的进度要合理

项目管理和体育赛事运作管理的关系,从项目管理的角度来看,赛事总体计划最关键的环节就是制订科学、合理、高效的工作进度。若没有明确目标的总体计划是无的放矢,那么没有合理进度的总体计划则是无稽之谈,一张白纸。

(四)体育赛事总体计划要明确责任单位或责任人

无论是多么完美的计划都要有人去实施执行,所以,赛事的总体计划必须落实到具体的责任单位或责任人,才具备现实意义。

六、体育赛事计划的指导与监控

体育赛事计划的指导与监控是保证体育赛事计划顺利实施的重要手段。主要目的是:

(一)指导协调

所谓指导,就是上级体育部门或一个单位的领导者,经常督促并帮助计划部门迅速、合理有效地完成赛事计划。指导目的有二:一是解释计划,使下级明确任务的内容、实质、要点，以及完成任务的有效办法和途径；二是及时研究处理计划实施过程中出现的新问题和新情况，弥补计划的遗漏和不足，保证竞赛计划顺利完成。

协调，就是要不断地调整、解决矛盾，减少计划实施过程中的矛盾因素，理顺计划执行过程中的秩序，统一思想，通力合作，实现竞赛计划目标。

（二）监督检查

检查实施竞赛计划的活动是否体现预定的目标，是否符合计划目标要求和标准，查明偏差和不落实的程度及原因，督促纠正偏差，引导实施活动有效地实现计划目标。督促检查的主要作用有：

预防作用。通过对计划的监督检查预先发现所存在的问题和困难，查清原因，及早排除不利因素的干扰。

完善作用。对出现的偏差及时采取有效措施，纠正、调整、弥补、完善。

评价作用。通过对计划的监督检查，正确评价计划制订执行部门的工作成绩和计划管理水平。

（三）检查计划

竞赛计划的检查是计划管理的最后一个重要环节。检查计划的任务有两个：一是全面衡量竞赛计划的编制情况，二是信息反馈，对改进计划，制订下一周期计划，系统评价竞赛计划实施的效果具有重要作用。前者是确定偏差程度，后者是提供纠正依据。对竞赛计划检查时，需考虑的主要问题有：

第一，计划是否符合国家（地方）一定时期方针、政策和体育发展战略。

第二，计划是否符合实际（人、财、物力条件、项目特点、群众体育和竞技体育的竞赛安排办法），切实可行。

第三，计划规定的发展速度和主要比例是否协调。

第四，计划完成情况和合同履行情况。

第五，计划实施过程中出现的问题处理得是否及时得当。

第六，计划管理的各环节是否严密，是否存在脱离计划的现象，薄弱环节和潜力所在。

对赛事计划检验的结果，要认真进行总结，吸取经验和教训，进一步认识体育运动发展的客观规律和计划管理的客观规律，增加新一轮计划的预见性和科学性，克服盲目性。

第三章 组织体育赛事的步骤和方法

为了搞好我国的体育赛事,中华人民共和国体育运动委员会早在1986年2月20日颁发了《全国体育竞赛赛区工作条例》。它是举办我国各级各类运动竞赛的指导性文件。它要求运动竞赛要在各级组织委员会的领导下,加强政治思想工作,进行科学管理,创造各种必要的条件,办好竞赛活动,为推动群众体育的开展,促进运动技术水平的提高,建设社会主义精神文明做出贡献。

第一节 赛前的准备工作

各种运动项目的竞赛虽都有其各自的特点,但工作步骤和方法却大同小异。兹以田径运动会为例进行说明。

比赛前的准备工作十分重要,其工作质量直接影响运动会是否能顺利进行。要组织好一项运动竞赛,首先要成立运动会的领导小组(或筹备小组)。规模较大的运动竞赛应成立组织委员会(或筹备委员会、竞赛委员会),讨论决定运动会的组织方案、拟定竞赛规程、组织机构、聘请裁判员以及运动会主要工作计划等问题。

一、拟订运动会的组织方案

组织方案是大会一切工作的依据,其目的是呈报主管单位批准,按批准的方案进行筹备工作。其内容一般包括:

（一）运动会的名称和目的任务

这要根据国家当前的形势、体育运动的方针、上级有关运动竞赛的要求以及运动会的性质等因素来确定。

（二）运动会的规模

运动会的规模是根据运动会的目的任务来确定的。主要包括主办单位、参加单位、参加人数（运动员、工作人员、裁判员）、竞赛的组别和项目以及运动会的日期、会期和地点等。

（三）组织委员会职责

第一，办理大会开幕前的一切事宜。

第二，办理大会期间的一切事宜。

第三，办理大会结束时的总结及一切结尾事宜。

（四）运动会的组织机构

组织委员会（或称竞赛委员会、筹备委员会）：可设主任委员 1 人，副主任委员若干人，委员若干人（一次较大的运动会一个行政单位很难完成任务。例如，公路自行车赛就必须有公安交警部门参加，比赛中的医疗、急救离不开卫生部门等）。组委会的人选由主办单位聘任。在主任委员下可设正、副秘书长（最好由主办单位人员担任），在主任委员领导下，执行组织委员会决议，掌握并推动日常工作。

组织委员会下设办公室、秘书、宣传、竞赛、表演等处（或部），处以下可设总务、保卫、政宣、资料、新闻报道、编排注册、技术官员、科研（技术统计）、场地器材、票务、记录奖品等组。每组可设干事若干人。组长和干事人选由处（部）长提名，经主委和秘书长批准聘任（必要时组下还可以再分股办事）。

裁判员由竞赛处(部)提名(或只给各省、市、地分配名额,但要提出要求而不具体提名),经组委会领导批准后聘任。裁判的使用与培养应由各单项运动协会做出计划,提供主办部门参考,聘任使用。

组织委员会下设仲裁委员会。这是大会的仲裁机构,在组委会的直接领导下进行工作。

仲裁委员会由大会组委会负责人 1 人;该项全国或省、自治区、直辖市运动协会成员(正、副主席、秘书长或委员)2 ~ 3 人;该项全国或省、自治区、直辖市等同级协会裁判委员会负责人 1 ~ 2 人,共 5 ~ 7 人组成。仲裁委员会的人选由大会组委会确定并公布。

如果运动会还有选拔运动员(队)的任务,以便组队参加更高一级的运动会,则应由组委会确定人选,组成“选拔委员会”,专门负责选拔组队事宜。

技术代表将负责整个竞赛工作的有关事宜。

(五)赛事的全部预算

预算应本着精简节约原则,少花钱多办事,办好事,根据需要作出较为切合实际的经费预算。一般应考虑饮食、住宿、招待、交通、邮电、医药、印刷、文具、器材、奖品,比赛场、馆及会议室或礼堂的布置等,分别作出系统预算,划定严格的开支范围。

(六)委员会会议

组织委员会每周或两周召开一次会议,必要时由主任委员召开临时会议以及召集各处正、副处长联席会议。

(七)其他事宜

本方案如有未尽事宜,由主办单位随时修订公布之。

此组织方案仅供参考,根据运动会的不同规模,一些机构设置可增建或合并。

二、成立组织委员会和各个办事机构

根据运动会的规模，在比赛前的适当时间按组织方案的规定聘请组织委员会委员，成立组织委员会，同时按各个工作部门的工作特点，遴选聘调适合各项工作的办事人员，按组织系统各司其职，使筹备工作开始全面运转。

三、拟订各个部门的工作计划

运动会的组织机构，特别是较大型的运动会，多是临时性的机构，工作人员来自四面八方和不同的工作岗位，是否能在这个临时机构中密切地协调合作，使工作有条不紊，互相配合，紧张而又不忙乱，是开好一次运动会的关键，因此各项工作都要有严密的分工，周详的工作计划。大会组织委员会应根据本次运动会的组织方案及竞赛规程等，研究制订大会主要工作日程计划方案，据此各个部门拟定本部门的具体工作计划，部门之下各组制订各组的工作计划。工作人员根据各自部、组的工作计划，按日程分步骤，分开轻重缓急，有秩序地进行工作。兹将各部门的分工及工作任务作简单工作：

（一）办公室

办公室是整个大会工作机构的枢纽，凡对内、对外，承上启下，负责有关大会的整个事宜。例如，召开全体性的工作会议、动员大会、开幕和闭幕式的组织以及文印、票务等都是办公室的职责范围。票务组除发放与会人员的赠券外，要搞好销售参观工作，提高经济效益，增加收入。参观券的销售数量要和观众席容量相适应，严禁超员。否则，将危及赛场秩序和观众安全。

（二）秘书处

总务组：其主要职责是管理财会、伙食、住宿、大会交通车辆的使用和管理、接待、联络及医疗等事项，是大会的后勤部门。

保卫组：主管内部保卫及比赛场地的安全、秩序工作。

外联组：主管赛事与各机构企业的合作事宜谈判与交流，好的赛事赞助是赛事能否达到预期效果的重要因素。利用赞助商品牌效应，如服装、餐饮等方面，可以提高赛事整体服务质量以及宣传度的提升。

（三）宣传处

政宣组：主管政治思想的宣传教育工作，宣传体育方针，倡导社会主义精神文明建设。运动竞赛是宣传社会主义精神文明的重要场所。运动员、教练员和裁判员在赛场内外的良好精神面貌和道德作风，不仅是搞好竞赛的重要保证，而且在建设社会主义精神文明中也会产生积极的影响。在竞赛期间，要认真贯彻中华人民共和国体育运动委员会关于《全国体育竞赛赛区开展“精神文明奖”评选活动办法和要求》的通知（1998 年改称“体育道德风尚奖”），搞好对精神文明运动员（队）的评比和表彰。掌管临时党、团组织关系，组织党、团员会议，发挥其在运动竞赛中的先锋、骨干、带头作用。

布置组：印刷、张贴宣传画、标语、大型会场及运动场主席台和周围环境的美化与布置。

资料组：搜集整理有关比赛项目的历史以及现在的各方面资料。

媒体组：联系并组织电视台、网络新媒体等有关机构，介绍情况，给予报道上的方便，以便及时把大会的盛况、成绩发布出去，起到宣传、教育及推动作用。如果进行网络线上直播与单独准提报道，还要与资料组合作，搞好报道内容与局部宣传的编辑及发行工作。

（四）竞赛处

编排注册记录组：接收、审查、登记报名手续（报名单、体检表、年龄证明或骨龄片、学籍证明、电函等规程中规定的证明信件），编印比赛秩序及秩序册，登记、整理、发布成绩和运动会的记录及各种比赛表格的准备，练习场地的安排，会后编印成绩册等工作。

场地设备布置组：赛前对比赛场地应翻修、整理，使场馆硬件整体水平满足赛事举办，观众观看视觉效果，媒体直播效果的要求。比赛期间对场地的维护（洒水、平整、滚压、清扫）。购置、准备比赛用的标准器材，并对其规格、重量严格检查，必须符合有关竞赛规则的规定，方可提供给比赛时使用。做好比赛场地的画线布置，器材的收借和保管以及记录处、检录处、成绩公告处、运动员休息处、饮水处、医务处、准备活动场地等的安排布置工作。

裁判组：赛前总裁判根据工作需要考虑每个裁判员的特长进行调派和职务分工。组织裁判员进行赛前政治和业务学习，深入钻研规则和裁判法（必要时可进行考试，以便提高其学习积极性，并对其进行赛事执裁资质的选拔。同时其考试成绩亦可作为日后评定裁判等级以及调派更高水平赛事的依据之一）。深入了解情况，征求教练员、运动员对裁判工作的改进意见。检验场地器材。赛前进行裁判实习和入场、退场表演。比赛中执行裁判任务，赛后认真总结。

奖品组：赛前准备好所需奖品（如奖牌、奖状、奖旗、花束、奖杯或实物等）；赛中负责大会领导同志发奖时的奖品准备，依据“成绩报告单”或“名次表”填写奖状（或纪念册），向优秀运动员（队）授奖。负责安排、训练领导发奖时的礼仪小姐。

科研组：在比赛中，对优秀运动员（队）的技术、战术、形态、机能、心理和选材等方面进行技术统计、调查和分析，并对其所获得的资料进行整理，以便为该项运动技术水平的发展和提高，提供科学的方法。

（五）表演处（专门为大型表演而设）

团体操组：负责设计（包括图案、服装、器材、音乐等）、编导、指挥全部团体操的排练及正式表演工作。

组织组：根据需要遴选参加表演的人才（以学生为主），负责交通、饮食补贴等，会前的训练、预演和正式表演的组织工作。

背景组：根据团体操各段落的主题思想、设计、绘制与之协调一致的彩色图案作背景，以增加团体操的效果和热烈气氛，丰富团体操的内容，给观众以美的感受。

表演后勤组：只负责表演组的开支、采购供应工作。

各部门应根据各自的不同职责，按照大会的日程写出详细的工作计划，有条不紊地进行工作。工作虽有分工，还要协调合作。牵扯到两个以上部门的工作，要相互研究，协商解决，不能相互推诿，以免贻误工作。

（六）仲裁委员会

大型运动竞赛应根据国家体育总局颁发的《仲裁委员会条例》设立仲裁委员会。仲裁委员会是本项竞赛的仲裁机构，在组委会的领导下进行工作。它的任务是复审比赛期间执行竞赛规则、竞赛规程中发生的纠纷，保证竞赛规则、竞赛规程的正确执行。

仲裁委员会不受理按规则、规程规定应由执行裁判、裁判长（总裁判、裁判组）职权范围内处理的有关事宜。与竞赛无直接关系的违反纪律、寻衅闹事、打架斗殴等行为，它应由组织委员会会同有关方面进行处理。

仲裁委员会由大会组委会、体育局竞赛部门、该项运动协会成员、该项运动协会裁判委员会委员，共 5 ~7 人组成。仲裁委员会的人选由大会组委会确定并公布。

在比赛过程中，裁判员作出的判决，为最后判决。运动员在运动场上必须服从裁判的判决。对裁判的判决不服的，允许在该场比赛结束后 1 ~2 小时以内(或规则规定的时限),向仲裁委员会提出正式申诉(或称“抗议”)。仲裁委员会根据申诉以及当场执行裁判、裁判组的书面报告,进行必要的调查研究,召开仲裁委员会会议进行讨论。开会时,可吸收有关人员列席会议(列席会议人员无表决权)。仲裁委员会成员在比赛中要到现场观察比赛情况,尤其是对容易发生分歧的项目,接到受理申诉后,要认真调查研究,了解有关情况,审核各种材料(原始表格、数据、照片、录像等),作出正确判决。对于裁判员的错误有教育和处分权(可建议有关体委对其进行某种处分;优秀的也可建议表扬)。对无理取闹的运动队、教练、运动员有处分权,如警告、停止比赛或建议取消参加上一级的比赛资格等。

仲裁委员会出席会议的人数必须超过半数以上,作出的决定方为有效。仲裁委员会对申诉所作的决定为最终判决,并立即生效。所作决定应报大会组委会备案。仲裁委员会的成员,不参加与本人所在单位有牵连问题的讨论。仲裁委员会对比赛期间受理的申诉、控告、抗议、应及时做出裁决,不得影响其他场次的比赛或发奖。

仲裁委员会是临时机构,比赛期间执行任务,比赛结束后自行撤销。

仲裁委员会受理申诉,抗议的条件应遵照竞赛规则和竞赛规程的规定执行之。不同的运动项目,对此有不同的要求。

【案例】根据田径竞赛规则规定,田径竞赛仲裁委员会受理“抗议”时必须同时具备下列条件:

田径竞赛规则对提抗议者的身份和职务有严格规定。只有领队和教练员才有资格向仲裁委员会提出抗议。这是为了保证抗议通过正常的组织渠道获得合理解决。

符合规则规定的时限。对运动员参加比赛的资格有异议时,可于开幕前向大会提出。对比赛中发生的问题须于事情发生后立即向仲裁委员会提出。对预、次、复赛中发生的问题抗议时,须于成绩宣告后30分钟内,向仲裁委员会提出。时限的意义在于及时解决问题,不使下个赛次因抗议问题没有解决受到影响。

抗议必须用书面形式向仲裁委员会提出。强调用书面形式，排除了口头形式，这是为了保证事情真相不被歪曲，防止出尔反尔的现象发生，以便于问题的合理解决。

交纳一定的申诉费。这是为了防止领队、教练员们滥用抗议权。抗议者如果“败诉”，申诉费将被没收；“胜诉”一般应如数退还。

（七）选拔委员会

如果运动会还有选拔运动员（队）的任务，以便参加更高一级的运动会，则应由组织委员会确定并聘任对该项目有深刻了解的人选组成“选拔委员会”，实现定出选拔条件，比赛中深入现场观察了解，征询教练员、裁判员各方面意见，最后选拔出最优秀的运动员（或队），以便组成新的代表队，参加上一级的比赛。

（八）指挥部

指挥部负责赛前各体育场、馆的安排、布置等工作；比赛开始后负责临场的指挥工作，如开、闭幕式的进出场、表演及比赛进程、场地秩序等的统一指挥工作。

（九）正、副秘书长

大型比赛组织委员会的主任委员多是由主办单位高一级的行政领导兼任，主要负责解决和协调一些重大问题，不可能长期驻会工作。正、副秘书长则应脱产驻会，负责大会的全部领导工作，上对组织委员会负责，下对各个职能部门进行领导，掌握并指导全面工作的进程。

四、建立必要的会议制度

定期召开组织委员会议，由主任委员主持，听取汇报、处理、解决重大问题。

定期举行各处（部）处长会议，由秘书长主持，听取各处（部）工作进程汇报，帮助解决问题，协调各处（部）之间的工作配合。按各部门制定的工作计划进行检查、了解工作进程，进行监督指导，以保证按期完成工作计划。

定期举行各处（部）处务会议，听取各组汇报，研究并检查各组的工作。

由秘书长主持，召开全体工作人员会议，进行动员、布置工作或传达重要报告等。

比赛开始前连天应召开包括各领队在内的组织委员会，汇报大会筹备情况及过程；同时还应召开各队教练员和裁判长参加的技术会议，通报比赛期间的安排部署及有关规则要求或临时性规定（如跳高的起跳高度和升高计划、某项及格赛的及格标准、运动员须知等），最后确认参赛者名单等。

必要时可由秘书长主持召开临时性紧急会议。

大会领导在比赛开始前要做一次全面的检查，深入到各部门了解筹备工作的实际情况，做到万无一失，确保竞赛的顺利进行。

第二节　竞赛期间的工作

一、各处（部）工作

各处（部）除进行各自的日常工作外，还应经常与各个代表队取得联系，了解食、宿、交通、医疗、宣传和比赛中各方面存在的问题、意见或建议，以便及时改进工作；同时应抓紧政治思想教育工作，表扬先进，推动比赛顺利进行。

二、竞赛处（部）工作

竞赛处（部）应定期召开教练员、裁判员的会议，及时处理比赛中存在的问题。还可利用休息时间组织经验交流、技术讲座等活动。

三、裁判组工作

裁判组每天都要进行小结,研究当天裁判工作中存在的问题,提出改进措施,同时部署第二天的裁判工作。

四、场地器材组工作

场地器材组要每个比赛单元都要对场地器材进行检查、维护和管理,如非塑胶跑道的修补地面、洒水、滚压、画线等。

五、编排记录公告组工作

编排记录公告组,大型的运动会,均已运用现代化的电子设备在编排记录公告组中取代人工操作。例如,比赛秩序的编排、成绩的储存和显示,成绩公报的打印等都使用了计算机和大型电子显示技术。但在基层运动会上尚不能普及这些设备,仍需进行人工操作。下面是编排记录公告组人工操作的一般程序。编排记录公告组是运动竞赛工作的指挥中心,尤其在田径运动会中更是这样。其工作质量、工作效率以及工作速度的高低,直接决定着运动竞赛的结果。一个精明强干、分工合理的编排记录公告组,是保证运动竞赛按时进行、杜绝差错、运动员充分发挥技术水平和使运动竞赛获得圆满成功的重要保证。

在运动竞赛期间,各个项目都有临场编排记录任务。为了更好地完成改组工作任务,在其内部应根据每个成员的业务专长进行合理分工,责任到人,把各项工作落到实处。兹以田径运动竞赛的临场编排记录公告工作为例,阐述其在运动竞赛期间的工作分工及其任务。

在田径运动竞赛临场编排记录公告工作中，为了提高其工作质量，达到“准确”“及时”的要求，实践证明临场工作分工“一人负责一个组”的传统工作方法不是“最好”的。

众所周知，编排记录公告组临场工作头绪是很多的，如要审核成绩、名次；录取参加次、复、决赛运动员，进行分组并复写其分组表；登记总纪录表；登记团体总分表；统计破纪录项、次和达到等级运动员标准的数字，等等。如此千头万绪但又要求一丝不苟的工作，集千斤重担于一人，稍有失误，很难在公告之前被发现，往往铸成大错。小则影响裁判队伍的声誉，大则影响运动竞赛项目的顺利进行，酿成重大竞赛事故。同时这种分工头绪很多，必然工种变化多，编排记录公告人员需不时东奔西走，十分浪费时间，工作效率很低。此外，这种分工方法对裁判员业务要求很高，而这样的裁判员在基层运动竞赛中又是很难物色到的，也不是经过短期培训就可奏效的。

在运动竞赛的实践中，创造了另一种工作方法，即“一条龙专业化”工作分工法。这种分工共分 8 个工作环节，实行一条龙流水作业法。每一环节设 1 人（第 6 环节设 1 ~ 2 人）。

运动竞赛实践证明这种分工方法较为先进。第一，分工明确，工作高度专业化。经验证明，专业化程度越高，工作效率也就越高。裁判工作亦然。第二，层层把关，有利于杜绝失误。这种工作方法特点是一处失误，他处可能发现。从而可以杜绝失误。达到对编排记录公告组工作“准确”的要求。第三，工作头绪少（对一个环节来说），不用东奔西走，节省时间，工作速度快，能达到对记录公告“及时”的要求。第四，对裁判员知识面要求比较窄。就是裁判新手，只要针对其专项分工业务要求稍加训练，就可胜任编排记录公告组的工作。因此，便于物色和培训裁判人员。规模较小的田径运动会或竞赛项目较少，不出成绩公报时，可适当减少工作环节，以便节省人力。

各个工作环节的分工和任务是：

筛选：负责初审、判别名次、录取与分组工作。在收到《径赛成绩记录卡片》和《田赛成绩记录表》后，要和秩序册仔细核对项目、组别是否一致，卡片是否齐全(如有短缺,要查清事实),成绩和名次是否相符。运动员因犯规而成绩无效已被取消录取资格者以及参加测验的运动员,均无权参加下一赛次的比赛,要将他们的卡片抽出,以免混淆。最后,将被录取的运动员和被淘汰的运动员的《径赛成绩记录卡片》分别整理。已被淘汰的运动员卡片交第8环节存档,取得后继赛次资格的运动员卡片按名次优劣顺序排列,分组、排定道次后,传给“复写”环节。《田赛成绩记录表》审查无误后,传给“复写”环节。

评分:专门负责全能运动员各单项成绩登记和查表评分工作。编排记录公告组要随时和全能主裁判取得联系,核对每人每项的成绩和评分。

复写:对于取得下一赛次比赛资格的运动员,要将其组别、项目、号码、姓名、单位等栏目点写清楚,复写一式四份。一份留底存查。一份与被录取运动员的成绩卡片别在一起,向下一个环节传递,准备交给赛前控制中心(检录长)。一份张贴在成绩公告栏。一份送宣告员宣告。对于已决赛的项目,要复写《成绩报告单》,一式六份,分别传送给宣告员、主席团、奖品组、赛后控制中心、公报组(用后留底存查)并张贴。

复审:本环节其主要职责是复审成绩和名次、录取和分组、排定道次是否合理。如按成绩录取运动员参加后继赛次时,尤其要注意在已被淘汰的运动员中有无优于“被录取”者最后一名的成绩。因犯规已被取消比赛资格的运动员是否被错误地录取进来。如有此类情况,应予以纠正。

打印成绩公报:及时打印各赛次的成绩或比赛结果。其规格为16开,封面应打印上比赛名称、日期、地点、主办单位、承办单位和“成绩公报”字样。

装订、分发成绩公报:成绩公报的分发一定要及时,最好上午的比赛成绩公报在下午比赛前分发给各队,下午比赛的成绩公报在晚饭后分发给各队,以便各队据此部署后继比赛的战略、战术。

登记总纪录表和团体总分表:各项决赛结束后,名次已经确定。应根据“成绩报告单”立即填入总纪录表。之后,应根据竞赛规程规定的记分方法,将取得名次运动员的得分填入团体总分表。团体总分表是运动大会竞赛成绩的缩影,因此,它是人们关注的中心,尤其是竞赛接近尾声时。团体总分表的作用,不仅是供给编排记录公告组在竞赛结束后计算团体总分时使用,更重要的是它还具有表彰先进、鼓舞斗志以及创造一个你追我赶的竞争氛围,使运动会开得紧张激烈。团体总分表除在编排记录公告组张贴外,还应在成绩公告栏中张贴,其作用除上述外,还有以下作用:第一,它可以将领队、教练员们急需知道的东西——各队得分和名次情况告诉他们,减少他们为此对编排记录公告组的干扰。第二,让广大教练员、运动员帮助编排记录公告组发现错误,纠正错误,杜绝差错。基层运动会的比赛时间安排得都很紧,往往要求最后一项比赛一结束,就要立即举行闭幕式,颁发团体奖。为了尽快完成计算团体总分的任务,缩短最后一项比赛结束至闭幕式颁发团体奖的时间,可采取下列办法予以解决:编排记录公告组在收到最后一项比赛的成绩卡片或成绩记录表后,由负责第一环节的裁判员高声宣读,其他各个环节同步进行各自的分工。它是将该组在各个比赛单元中的决赛项目,根据其先后顺序依次排列。并设有单元得分、累计得分、名次等栏目。随着竞赛日程的进展,逐个填入得分,最后一项比赛一结束,就可立即算出团体总分并排出团体名次。

档案资料保管:将待赛卡片和成绩记录表按竞赛单元装入档案袋内,提前半天将田赛成绩记录表交田赛裁判长,全能成绩记录卡片交全能主裁判;将径赛成绩记录卡片交赛前控制中心(检录长)。已赛卡片、成绩报告单和成绩记录表,要分组分项存档,妥善保管。统计破纪录、达等级运动员标准人、项、次数,为提出申请的单位或个人填发“成绩证明表”或“破田径记录报告表”。

六、保卫组工作

比赛开始后尤其要加强驻地的防盗、防火等措施,因大多数运动员和工作人员都到了比赛场,盗贼容易乘虚而入。还要加强比赛场所的治安和维持赛场秩序以及对主席台的安全保卫工作。在观众近场和退场时,要做好指挥和疏导工作。协同有关部门发售入场券和组织观众,要与场地的容量相适应,严禁超员。

七、医疗及膳食组工作

医疗及膳食组要特别注意饮食卫生,防止传染病或食物中毒。医疗组除日常防治疾病外,比赛时深入现场进行医疗救护工作。

八、交通管理工作

交通要加强车辆及司机的管理,车辆的调度要保证按时接送比赛运动员和工作人员,如果是在固定线路上不停地循环往返的交通车辆,每趟车次间隔时间不能过长。

九、宣传处(部)工作

供给临场宣传稿件,及时表扬好人、好事,抓好精神文明裁判员、运动员(队)的评选工作,给新闻单位以报道上的方便。大会如有会刊,还要抓好组稿、编印等工作。

第三节　竞赛的结束工作

一、各部门总结

各部门分别做出总结,如裁判总结、宣传工作总结等,在此基础上做好赛区总结。国家体育总局对赛区总结的内容作了具体规定:

第一,概况:比赛日期、名称、地点、参赛人数等。

第二,比赛水平、好成绩、创纪录统计等。

第三,组织机构及组织工作。

第四,裁判水平,竞赛质量。

第五,场地器材:比赛和训练的场地器材质量;裁判器材设施的保障。

第六,新闻报道:电视、电台、报纸的报道情况,记者人数等。

第七,观众的人数及门票销售情况。

第八,食宿、交通保证情况。

第九,基本经验,主要存在问题及建议。

第十,其他情况。

二、闭幕式

组织闭幕式,总结报告,宣告比赛成绩并发奖(团体名次奖和体育道德风尚奖)。

三、整理文件资料

整理文件资料,由主管部门存档,编印成绩册,其规格为 16 开。成绩册的主要内容(以田径运动竞赛成绩册为例)有:

第一,封面应印有比赛名称、日期、地点、主办单位、承办单位、独家赞助单位或冠杯单位,“成绩册”三个字要印得大而醒目。

第二,在扉页或页首应写明:运动会名称、主办单位(如全国性比赛为国家体委,地区性比赛为省、区、市体委)、批准单位或承办单位(如全国性比赛承办单位为国家体委或省、区、市体委;地区性比赛批准单位为国家体委)、赞助单位或祝贺单位(如有可印上)。

第三,团体总分统计、创纪录运动员名单、成绩统计表、达健将人数统计、“体育道德风尚奖”获得者的运动队、运动员名单。

第四,比赛成绩按先男后女,以竞赛规程上排列的项目顺序排列各项成绩。各项成绩按预赛各组成绩、次赛各组成绩、复赛各组成绩、决赛成绩分别排列。各项成绩均要显示出项目、组别、姓名、单位、成绩、比赛时间和有关记录(如世界纪录、亚洲纪录、全国纪录、省市少年纪录等)。有风速要求的项目,也要一一显示。

四、技术报告会

组织技术报告会,优秀运动队表演赛等。

五、办理离会手续

办理离会手续,如清算食宿费用,提前购买车、船票和市内送站交通车辆的安排等。

第四章　体育赛事与经济效益

第一节　资源开发在综合性体育赛事中的作用

综合性体育赛事的资源开发是为了弘扬与传承赛事的品牌,将赛事的资源进行整合营销,为举办赛事获得声誉、资金、设备、技术和服务等资源的活动。资源开发工作是综合性体育赛事举办的一个重要组成部分,也是体育赛事最具挑战性的工作之一,往往也成为评价综合性赛事是否成功举办的标志之一。资源开发收入是综合性体育赛事办赛经费的主要来源,资源开发的成果直接影响到组委会的经费运作乃至赛事的成功举办。通过近年来国内外综合性体育赛事资源开发的实践,我们认为资源开发在综合性体育赛事中的作用主要表现在三个方面,一是经济功能,二是保障功能,三是企业促销功能。

一、经济功能

探讨赛事资源开发的经济功能主要着眼于赛事所取得的经济效益。经济效益,是指人们在经济活动中的劳动消耗(包括物化劳动消耗和活劳动消耗)与所得的成果之间的比较。简单地说,是指投入与产出之比。有三种结果:投入/产出 <1,为正效益;投入/产出 >1,为负效益;投入/产出 =1,则没有效益。讲究经济效益,是指要以等量的劳动消耗取得较大的成果,或以尽可能少的劳动消耗取得等量的成果。可见,经济效益的大小是衡量人们经济活动成绩的重要标志。赛事经济效益则是指为保证赛事的顺利进行,所进行的经济活动投入与产出的比较关系。在当今“注意力经济，价值飙升”的信息时代，体育赛事作为社会规模较大、最引人注目的社会体育文化活动，其经济效益是巨大的。直接经济效益是赛事组委会通过增收节支而直接获得的效益；间接经济效益可以表现在赛事期间的消费和投资通过乘数效应所带来的 GDP（国内生产总值）的增量，赛事所产生的巨大的影响力带来的赛事品牌的提升、举办城市的城市影响力的提升，赞助商的产品形象的正强化及由此带来的销售额的增加，这些影响又可能在今后相当长一段时间内带来潜在的异地收益。相比较而言，这部分效益由于时间的滞后性作用而难以准确地定量估计。因此，资源开发的经济功能主要体现在赛事自身的经济价值、赛事引发的投资效应和赛事拉动的相关产业发展。

（一）赛事自身的经济价值

综合性体育赛事自身的经济价值主要表现在其所创造的直接经济效益（即赛会经济效益），是指赛事组委会通过增收节支而直接获得的效益。通常情况下。衡量赛会的直接经济效益可以简单地使用这样的公式：

赛会经济效益比率 = 赛会组委会收入/赛会业务开支

简单而直观的评价标准就是：赛会经济效益比率 >1，比率为盈余，数额越大，效果越好；赛会经济效益 <1，为亏损；赛会经济效益比率 =1，则没有收益。

通常我们认为大型体育赛事是国际和国内重大体育赛事等综合性运动会以及某单项运动会以及洲际性或地区性体育比赛，一般为具有较高水平和较大的规模。国际大型体育赛事一般有奥运会、亚运会、世界大学生运动会等，国内大型体育赛事中其规模和影响力最大的当属四年一届的全国运动会。

大型体育赛事往往具有参与人数众多，赛事举行时间较长，比赛项目涵盖多，关注度较高的特点。以全运会为例，从大型体育赛事的举办来看，其往往因为其竞技水平较高、优秀运动员参与多，举办规模较大以及对社会竞技群众的影响较为深刻和巨大而备受大众关注。

国际层面最大规模和最高规格的体育盛会为奥运会，自从 1984 年美国洛杉矶成功承办第23届奥运会以来，世界各国将能够承办一届奥运会作为一种荣耀和宣传自己的重要手段，其申请热情更是高涨。我国也在2008年成功地举办了第29届北京奥运会，通过回顾北京奥运会成功举办的历程，我们可以发现，通过成功举办北京奥运会，向世界展示了我国经济社会的巨大发展，也向世界展示了一个富强、民主、文明、和谐的美好中国，通过这样一种大型的体育赛事，通过展示和宣传，提高了我国的政治影响力。① 见表4-1-1所列。

表4-1-1　近几届夏季奥运会经济效益比率统计表（亿美元）

届别	年代	地点	收入	支出	经济效益比率
23	1984	洛杉矶	6.28	4.05	1.55
24	1988	汉城	13.24	8.27	1.60
25	1992	巴塞罗那	16.99	16.96	1.00
26	1996	亚特兰大	17.21	17.21	1.00
27	2000	悉尼	17.54	9.60	1.83
28	2004	雅典	16.07	15.70	1.02
29	2008	北京	23.63	23.47	1.00

注：23-28界数字来源于IOC 2006 Marketing Fact File，29届数字来源于北京奥组委执行副主席蒋效愚在国际媒体研讨会上公布的数据。

大型体育赛事的产出主要包括赛事转播权和赛事赞助权转让收入、体育彩票的发行收入、比赛场馆和设施的设计、建设运营收入（包括门票收入）、从资本市场投资进行市场融资；还包括通过项目融资、发行长期债券、组建企业上市，资产证券化、筹集风险资金等途径进行的筹资产出；此外，社会捐赠也是大型体育赛事产出效益的涵盖范围。具有关部门统计，2005年南京市举办第10届全运会，4年来累计投入1100多亿元，第11届全运会累计投入2000亿以上，这笔投入用于城市建设，场馆建设，交通设施等。2008年北京奥运会总投入420亿美元，盈利1600万美元。第12届全运会投入1000亿人民币，新增就业机会

① 杨辉、吕敏：《陕西省承办第14届全运会的价值及开发研究》，《安徽体育科技》2020年第41卷第1期。

100万个。在上海举办的中国网球公开赛赛事投入4.5亿,间接获得收益82亿。虽然在数据上表现出经济收入甚微甚至出现亏损现象,但是大量资金用于城市基础设施建设,未来潜在经济效益明显。因此,大型运动会对举办城市经济发展具有明显促进作用,短期经济效益应该比通常认为的小。[①] 见表4－1－2所列。

表4－1－2　大型体育赛事的投入与产出

投入	产出
赛事申办各项准备工作费用	国家或政府财政支持
兴建、改建、扩建比赛场地和场馆及配套建筑或设施的建设或租用费用	电视转播权销售
运动员参赛生活设施的建和改造费用	商业赞助
各项交通费用	门票销售
环境保护和治理费用	彩票销售
电子政务、电子商务等薄弱环节资金投入	特许商品(纪念币/邮票/等销售)
赛事开幕式和闭幕式所需要的经费投入	社会捐赠
工作人员的工资补贴费用	其他形式的产出
比赛期间接待	
宣传费用	
日用设备等组织费用	
技术服务和接待费用	
人员培训、工资补贴及有关管理费用	
安保费用	

门票收入是奥运会观赏价值的基本实现形式之一,也是奥运会的最直接、最基本的收入之一。门票销售的多少,不仅是一个经济指标,而且能够反映比赛的社会价值和比赛的影响力。见表4－1－3所列。

① 杨辉、吕敏:《陕西省承办第14届全运会的价值及开发研究》,《安徽体育科技》2020年第41卷第1期。

表 4-1-3　奥运会比赛规模相关数据统计

奥运会	雅典(1896)	墨尔本(1956)	亚特兰大(1996)	雅典(2004)	北京(2008)
天数	5	16	17	17	16
比赛大项	6	16	26	28	28
比赛小项	32	151	271	301	302
参赛国	13	67	197	201	204
运动员数	311	3314	10318	10500	11526
门票售出数(万)	6	134	1100	550	700

资料来源:北京奥运会数据来源于中国奥委会官方网站,其他来源于 IOC 2004 Marketing Fact File.

而我国综合性体育赛事资源开发起步较晚,萌芽于 20 世纪 80 年代初,以 1983 年在上海举行的第五届全国运动会上初步进行商业化尝试,并获得 11.36 万元人民币赞助性广告收入为代表。通过对近几届我国综合性体育赛事资源开发收入的对比,我们可以看到,我国综合性体育赛事资源开发的收益逐步显现,赛事资源开发正逐步走向成熟化、规范化、市场化。

(二)赛事引发的投资效益

赛事举办将扩大和刺激一段时间内赛事举办地的相关投资。承办综合性体育赛事需要大量的资金投入,以奥运会为例,亚特兰大对奥运会的投入超过 10 亿美元,汉城投入 35 亿美元,悉尼的投入是 23 亿澳元,这些投入主要用于场馆和相关设施建设以及城市道路、交通、能源、环境等城市基础设施建设。同时由于举办赛事所带来的巨大商机,也会引发大量的社会投资。

1. 承办赛事本身所需场馆及相关设施的核心投资

作为赛事承办工作的基础载体,场馆及其相关配套设施的建设是赛事投资的重要组成部分,也是赛事筹备工作的关键环节之一。从国内外综合性体育赛事的筹办工作实践来看,承办赛事本身所需场馆及相关设施的核心投资是赛事引发的投资效应的重要组成部分。如北京奥运会场馆及相关设施建设主要包括新建 19 个、改扩建 13 个比赛场馆，及在奥林匹克公园、五棵松体育中心内规划建设酒店、会议、商业、办公等其他配套设施的投资，总投资近 300 亿元人民币。广东省投资将近 40 亿元人民币用于九运会场馆建设；广州亚运会共使用 70 个体育场馆，包括 53 个比赛场馆、17 个独立训练场馆。这些场馆主要分布在广州市，其中 4 个场馆分别设置在广东佛山、东莞、汕尾三个城市，用于花样游泳、拳击、举重和帆船比赛。在 70 个体育场馆中，新建 12 个，改建、扩建 58 个，同时，新建了一个占地面积 2.73 平方公里的广州亚运城，集中了运动员村、技术官员村、媒体村和主媒体中心等主要非比赛场馆，总投入达 63 亿元。从国内综合性体育赛事来看，十运会场馆建设改造总投资 40 亿元人民币左右，其中新建场馆 28 个，改造维修场馆 25 个；五城会期间，湖南省政府投资近 6 个亿，各项目承办城市政府先后投资近 20 多个亿进行场馆新建、改造、扩建；六城会共新建场馆 28 个，维修、改造场馆 12 个，还对 20 个现有场馆进行了全面整饰，总投资 20 亿元。通过对体育场馆及其相关配套设施的投入，不仅可以满足赛会举办的需求，也可以成为承办地体育产业发展的加速剂。

2. 对承办赛事所必需的城市基础设施与生态环境建设的直接投资

综合性体育赛事的举办往往伴随着较大规模的市政基础设施的改造和兴建。因举办综合性体育赛事，大量城市基础设施建设、市容环境改造工作以及一大批造型特异靓丽的体育场馆，极大地丰富了城市视觉（景观）形象，直接促进了城市形象的提升。在城市大规模改造兴建过程中，有些城市还有意将城市形象理念注入到建设过程中，借着举办赛事的机会塑造出具有浓郁地方民族特色的城市视觉（景观）形象。

赛事举办期间，承办城市要接待数以万计的来自不同地区、不同民族和不同需求层次的国内外来宾。搞好城市基础设施建设是提高接待服务质量、保证赛事顺利进行的前提条件，同时也是展现城市形象的要求，更将成为加速城市建设的难得机遇。基础设施建设主要包括机场、港口、车站等枢纽建设或扩充，城市道路交通建设或扩充，供电、供排水等能源建设或增容，电讯、电视等信息工程建设，旅馆、饭店等餐饮住宿设施建设，环境保护设施建设购置等。这些开支属于城市基本建设费用,属于固定资产投入,在比赛结束后还可继续使用,并可能逐步收回成本。因此,在计算运营成本时,一般不将此项开支列入其中。但此项开支巨大,赛事组织者必须将为赛事而准备的城市基础设施开发与城市的长远发展建设规划结合起来。

据北京市政府发言人透露,2008 年北京奥运会前北京市投入 1800 亿元人民币加速现代化建设,其中 900 亿元用于建造快速交通网络,450 亿元用于治理环境,300 亿元用于信息化建设,150 亿元用于改建水、电、气、热等生活设施。如此投资力度对北京城市的现代化和国际化建设作用是相当明显的。广州为举办九运会投资 120 亿元人民币用于城市基础设施建设,在环保方面也投资 50 亿元;十运会筹办期间,南京市先后投入 1000 多亿元用于新城区的建设、老城的保护改造、城市基础设施的完善和环境综合整治,显著改善了城市面貌,提升了城市功能和综合竞争力;五城会筹办期间,湖南省政府投资近 300 亿元,加快了长沙的城市建设步伐;而六城会筹办期间,武汉市人民政府则提出了 32 项必须完成和提速的城市基础设施建设项目,投资总额高达 564.25 亿元。广州亚运会投资用于城市面貌和环境改善,预算资金 1090 亿元,包括地铁建设、城市道路、桥梁和基础设施,环境综合整治,工业污水治理等经费,其中环境综合整治包括空气环境、水环境、交通环境、人居环境和无障碍设施环境综合整治。

3. 国内外的公司、企业和个人参与赛事商机开发而带动的大量间接投资

奥运会给举办城市带来巨大的商机,悉尼因举办 2000 年奥运会而带来的海外投资高达 87 亿美元,北京作为举办城市当然也不例外。自 2001 年 7 月 13 日北京申奥成功以来,越来越多的国内外有实力的企业、团体及个人纷纷以不同的方式表达参与北京绿色奥运、科技奥运和人文奥运商机开发的强烈愿望。初步估算,2002 年至 2008 年由于举办奥运会的影响,北京全社会投资总量将累计增加 1000 亿元。

(三)赛事拉动相关产业发展

在体育经济活动过程中,体育产业各部门都需要其他产业部门为自己提供各种中间或最终产品，作为自己部门生产产品的生产要素。同时，又把自己的产品（中间或最终产品）根据市场需求提供给其他部门产业进行消费。体育产业各部门之间存在着广泛、复杂和密切的联系，这种相互供给与需求其他各产业部门产品的关系称为体育产业关联。同样，赛事的经济功能还表现为，赛事的举办也会对关联产业发生推动作用，从而拉动相关产业的发展。

1. 对城市交通影响

构建高效、便捷的交通网络体系是成功举办大型体育赛事的必备条件。2002 年—2008 年北京投入 638 亿建设地铁，奥运前期北京地铁建成 198 公里。为举办 2022 年冬季奥运，在 2015 年建设规划基础上新增 9 个项目，届时，北京轨道交通线网运营线路将达到 30 余条，运营里程达到 1000 公里。轨道交通路网客运量将达到 2000 多万人次，轨道交通的出行比例将占全方式的 25% 左右，将极大程度地满足举办 2022 冬季奥运的需要。根据国家发改委关于西安市城市轨道交通规划调整方案指出，预计到 2021 年，西安将形成 7 条地铁运营线路，总长 243.2 公里，为全运会的成功举办提供交通便利，确保观众能够方便快捷地观看各项赛事。本次全运将有西安、咸阳、宝鸡、渭南、杨凌、汉中、榆林等多个城市联动参与，城城互通，方便快捷是交通规划布局的首要任务。前期体育场馆的选择与建设也要满足交通便利、占地面积等先决条件。场馆建设必然带动周边城市交通规划建设，促进城市交通网络建设，提高城市人员出行效率，同时也带动了旅游产业的飞速发展。

2. 对经济增长的影响

现代综合性体育赛事的成功举办能显著地促进举办城市的经济发展。以奥运会为例，自 1984 年洛杉矶奥运会以来，历届奥运会对举办城市的经济产生巨大的诱发效应，如洛杉矶奥运会首轮经济影响为 9.1 亿美元，间接经济影响为 18.2 亿美元，其总体经济影响为 27.3 亿美元；1964 年东京奥运会使日本 GDP（国内生产总值）由举办前的每年增长 10.1%，猛增至 26.1%，经济学家将其称为“东京奥林匹克景气”；1988 年汉城的奥运工程为汉城带来了 70 亿美元的生产诱发效果和 27 亿美元的国民收入诱发效果；巴塞罗那奥运会带动的直接支出和间接支出为102.9亿美元,间接经济影响为177.4亿美元,总体经济影响为274.3亿美元;亚特兰大奥运会的直接支出与间接支出为23.07亿美元,构成直接经济影响、间接经济影响为28.34亿美元,总体经济影响为51.42亿美元;悉尼奥运会的直接支出与间接支出为66.77亿美元,构成悉尼奥运会的直接经济影响、间接经济影响为113.51亿美元,总体经济影响为180.3亿美元。见表4-1-4所列。

表4-1-4 四届奥运会组委会直接和举办地宏观效益比较表

届次	赛会经济收入(亿美元)	主办地宏观收入(亿美元)	赛会经济收入与宏观收入之比(%)
洛杉矶	6.275	32.9	19.1
汉城	13.24	97	13.7
亚特兰大	17.21	51	33.7
悉尼	17.54	63	27.8

资料来源:田雨普:《大型体育赛事的经营管理》,人民体育出版社2007年版。

自北京申奥成功以来,奥运经济成为中国经济增长的一条主线,每年拉动全国经济增长0.3个百分点。而根据经济增长与投资和消费的弹性关系测算,十运会对江苏经济增长每年产生1个百分点以上的拉升作用,促进了江苏全省经济增长,十运会成为了江苏经济社会发展的助推器。

3. 对旅游业的影响

入境旅游人数是衡量一个国家旅游业实力的一个很重要的指标,能客观地反映出该国旅游业当时的状况。2000年悉尼奥运会,澳大利亚的入境旅游人数从1998年到2000年,以平均每年14.04%的速度增长;2000年澳大利亚的入境游客创历史纪录达到4931万人;奥运会之后3个月内和两年里,入境游客人数与1999年相比,分别增长了15%和8%。2004年雅典奥运会,希腊入境旅游人数在2005年和2006年分别增长了5.60%和8.44%,只有1100万人口的希腊在2006年接待了创纪录的1570万旅游者。2008年北京奥运会,中国的入境旅游人数从2001年到2007年,以平均每年7%的速度增长,虽然2003年由于

SRAS(非典型肺炎)出现了一次负增长,但是随后的2004年增长高达19%,奥运会之后的2010年和2011年,也分别增长了5.76%和1.24%。由此可见,奥运会对举办国旅游业会产生重大的积极影响。

在举办综合性体育赛事期间,由于各代表团参赛选手会在比赛期间产生一系列的消费需求,如吃住行、对举办地的观光旅游需求、对当地土特产的需求等,必将带来旅游业的旺盛。实际上不仅在赛事期间会有大批的观众、运动员和工作人员来到这儿参加、观看赛事,就赛事的举行给举办城市所带来的声誉来说,在赛事结束后也吸引着很多的游客去寻找历史的足迹。从这个角度我们可以认为,综合性体育赛事的举办对城市旅游业的发展起着不可估量的作用。综合性体育赛事可以丰富承办地的旅游资源,提高举办城市的知名度,改善举办城市的旅游基础设施,提高举办城市旅游营销、管理水平,改善举办城市旅游市场的客源结构,促进旅游文化的交流。举办赛事的最大效应就是直接提升举办城市的形象,吸引国内外巨大数量的游客到举办城市旅游观摩,从而创造巨额的旅游收入。

以上海为例, 2018年,上海迎接的国内旅客人数高达3.40亿人次,国内的旅游收入值达到了4477.15亿人民币,迎接的入境旅客人数达893.71万人次,国际旅游收入值达到了73.71亿美元,2018年上海旅游业总值增加至2078亿人民币,占全市生产总值(GDP)比重为6.4%。体育旅游是上海旅游业的经济收益重要来源之一,体育赛事的举办对发展上海体育旅游业的经济增长呈积极作用。2017年,澳式橄榄球超级联赛首次将常规比赛放置上海,在澳洲喜爱观看澳式橄榄球现场比赛的球迷群体非常多,每年约有600万球迷去到现场观看。该项赛事在上海举办3年以来,成为最吸引澳洲球迷来到上海观看现场比赛的运动项目之一,随着外来游客数量的增多,赛事的成熟度也逐年提升,不仅吸引了大量外国游客,也带动了更多的本土游客观赛。2019年,在新江湾体育馆举办的上海站比赛不仅提供了观看赛事的活动,还提供了纪念旅游卡、黄浦江展览等产品,据统计观看赛事的外国观众为上海带来了1.233亿元的经济效益。据有关调查结果显示,在大型赛事举办期间,上海酒店的入住高达80%,其中五星级别的酒店在房价上提升25%~40%,入住率达到85%,据AC尼尔森公司的专业调查,F1(世界一级方程式锦标赛)赛事中国大奖赛时期,上海的星级酒店在业务总值增长上达到2.8亿元的资金流入,而在未举办赛事期间的入住率明显低于赛事举办时期的入住率。不少观赛团队及观众早在一年前就已提前预约好入住房间。赛事的经济效益不仅在酒店中体现出来,还带动了上海的餐饮业、交通业及周边的旅游景点、商场购物等。在观看体育赛事之余,进行与上海城市形象契合度高的旅游活动,不仅能促进旅游经济,还提升了上海城市的曝光度与影响力。

体育赛事的举办为上海带来了很多的国内外观众,观众聚集的地方也为上海带来了大量的消费。赛事单纯的纪念品销售已经无法引起观众们的消费欲望满足他们的需求。旅游主办方应打破传统的以固定景点为核心的商业开发模式,潜心研究来沪旅客的需求,与赛事主办方合作提供包含赛事门票在内的优惠的组合产品,例如推出凭票打卡上海标志性景点外滩、东方明珠、豫园等,可提供相应的套票服务,或是指定商场购物、就餐和酒店入住消费折扣。加强赛事相关的旅游产品开发,多元化的发展不仅能为赛事增添新的功能性,还能在潜移默化中带动上海旅游业的发展,形成以赛事吸引客流,以旅游促进消费的良性发展格局。①

此外,赛事的举办还将对承办地的器材制造业、环保业、服务业、传媒业、博彩业、社会居民消费等产生明显的拉动作用。

二、保障功能

综合性体育赛事资源开发的最重要功能之一就是为赛事筹集办赛资金,保障赛事的顺利举办。主要体现在两个方面:一是平衡赛事承办预算;二是提供赛事所需的物资、技术和服务保障。

(一)平衡赛事承办预算

大型综合性体育赛事收入主要由中央、地方财政拨款、资源开发收入及其

---

① 易歆:《体育赛事与旅游业的融合发展研究——以上海为例》,《当代体育科技》2020年第10卷第5期。

他收入组成,如果仅靠中央和地方财政拨款,则远远无法满足赛事举办需求,会出现重大的资金缺口,这一缺口就需要依靠资源开发来弥补。如何最大限度地满足办赛需要,筹集办赛资金,实现盈亏平衡是资源开发的主要目的。

1.赛事收入体系

赛事收入是指赛事组织者为筹备赛事的需要,依法取得的各类非偿还性资金和实物,包括政府财政补助(含国家、省市财政及体育部门的各类拨款)、资源开发收入(含门票销售收入、特许经营收入、赞助收入、捐赠收入、电视转播权收入等)、财产处置收入、其他收入(如利息收入等)。见表4－1－5所列。

表4－1－5　北京奥运会组委会财政预算收入

收入类别	金额(亿美元)	所占比例(%)
电视转播权	7.09	43.63
TOP 计划收入	1.3	8
组委会赞助收入	1.3	8
特许使用收入	0.5	3.08
正式供应商	0.2	1.23
纪念币	0.08	0.49
邮票	0.12	0.74
彩票	1.8	11.08
门票	1.4	8.62
捐赠	0.2	1.23
财产出售	0.8	4.92
各级财政补贴	1.0	6.15
——中央政府	0.5	3.08
——市政府	0.5	3.08
其他	0.46	2.83
总额	16.25	100

资料来源:刘淇:《北京奥运经济研究》北京出版社2003年版。

(1)政府财政补助

在计划经济体制下,综合性体育赛事由政府包办,中央和地方两级政府的财政拨款几乎是唯一的资金来源。1996 年 3 月 25 日,财政部、国家体委发布了《全国综合性体育运动会预算定额补助的办法》,明确了举办全国综合性体育赛事,按照"共同举办、共同负担、地方自筹为主、中央定额为辅"的原则,由财政部核定后给予一次性定额拨付,不随赛事规模和承办地区经济状况的变化而变动。2003 年 8 月 25 日,财政部、国家体育总局又联合发布了《关于核定全国综合性体育运动会定额补助标准的通知》(财教[2003]108 号),制定了"十五"期间中央财政的定额补助标准,并明确中央财政定额补助主要用于赛事举办经费和场地维修经费等,场馆设施建设所需资金由地方人民政府自行负担,中央财政不予补助,"十五"以后年度除国家政策调整或有极特殊情况外,中央财政定额补助标准不再提高。

(2)财产处置收入

筹办赛事期间,赛事组委会积累了为数众多的资产,这些资产在赛事结束后不能因为作为临时组织的组委会撤消而无人过问,造成国有资产流失,必须作为组委会的资产,登记造册并组织专业人员进行评估,然后通过市场销售,回收大笔资金,从而也形成赛事收入的一个组成部分。例如,自 2008 年 6 月 25 日北京奥组委与北交所签订《北京奥组委资产处置服务合同》以来,持续长达一年的奥运资产拍卖创造了中国产权市场上拍卖持续时间最长、竞买人数最众、竞价轮次最多、溢价率最高的四个记录。北交所共组织奥运资产专场拍卖会 25 次,先后处置了奥运家具家电、公务用车、奥运开幕式用品等物资超过 70 万件,回收现金 1.89 亿元,资产增值率达到 26%。

2. 赛事支出体系

作为一项复杂的系统工程,在赛事筹备举办期间,也需要投入巨大的经费开支。按照资金的使用性质,我们可以将赛事支出分为两类,一是比赛场馆及相关设施建设费,二是比赛的组织业务费。见表 4-1-6 所列。

表 4－1－6　北京奥运会组委会财政预算支出

支出类别	金额(亿美元)	所占比例(%)
基础设施	1.90	11.69
体育设施	1.02	6.28
——奥运村	0.40	2.46
——主新闻中心、国际广播电视中心	0.45	2.77
——记者村	0.03	0.18
运营费	14.19	88.31
体育比赛	2.75	16.92
——奥运村	0.65	4.0
——主新闻中心、国际广播电视中心	3.6	22.15
——记者村	0.1	0.62
开、闭幕式、节目	1.0	6.15
医疗服务	0.3	1.85
餐饮接待	0.51	3.14
交通	0.7	4.31
安保	0.5	3.08
残疾人费用	0.82	5.05
推广	0.6	3.69
行政管理	1.25	7.69
试运行与协调	0.4	2.46
其他	1.01	6.22
总额	16.09	100

资料来源：刘淇：《北京奥运经济研究》，北京出版社 2003 年版。

(1)比赛场馆及相关设施建设费

场馆设施是进行比赛的本体性建筑，是确保比赛圆满进行的基本条件。各项运动对比赛场馆的规格、标准等都有专门的要求。比赛场馆是基本建设项目，属于固定资产，但多属社会公共事业性质，特别是用于比赛的观赏性场馆，投资大，消耗大，功能较为单一，赛后使用率低，养护费用很高。因此，对于体育场馆的建设投入必须慎重安排。如五城会筹办期间,湖南省政府投资近6个亿,各项目承办城市政府先后投资近20多个亿进行场馆新建、改造、扩建;六城会共新建场馆28个,维修、改造场馆12个,还对20个现有场馆进行了全面整饰,总投资20亿元。

(2)比赛的组织业务费

主要是指用于筹备、组织赛事,赛后不能得以回收的流动资金,其中包括竞赛支出、通信支出、交通支出、接待支出、开闭幕式等礼仪支出、安保支出、医疗支出、宣传支出、管理支出以及公关支出等。竞赛是赛事的中心环节,比赛直接业务费的供给水平是影响赛事质量的基本要素,组织业务费必须给予保证。但是与基础设施和体育场馆两项开支相比,这项支出是比赛的纯消费,是永久性支出。

从近年来国内外综合性体育赛事的筹办实践来看,赛事规模不断扩大,比赛项目不断增多,赛事支出逐年增加,单纯依靠固定的一次性政府补助收入已难以满足赛事筹办的需要,也给承办地政府造成了财政负担,因此,资源开发的重要性更进一步显现出来,赛事资源开发已成为平衡赛事承办预算、保障赛事顺利举办的根本要求。

(二)提供赛事所需的物资、技术和服务保障

资源开发的保障功能还表现为可以为赛事提供所需的物资、技术和服务。在综合性赛事的筹办过程中,不仅需要资金的投入,也需要物资、技术和服务方面的投入。例如,竞赛器材、信息系统建设、服装、通信、互联网、电视转播、接待、交通、礼仪、住宿、餐饮,等等,这些都是赛事经费预算中的重要支出项目。而通过资源开发,以赞助、捐赠等形式获取赛事所需要的物资、技术和服务,不仅可以满足赛事筹办工作的需要,还可以节省大量办赛经费。如根据竞赛需要,六城会各项目主要竞赛器材分为专用器材、辅助器材、通用器材、常用办公器材、电子计时计分系统、搭建设施、相关器材、特殊器材8类,数量达30943件(含台、套)。而所需要的信息系统建设预算经费也达到2000多万元。这些都

是可供开发的资源。

目前，企业参与体育赛事资源开发的支付方式分为资金、资金 + VIK（实物、技术和服务）和 VIK（实物、技术和服务）三种形式。从赞助、捐赠企业的角度来看，他们也更愿意以自己所生产的产品、技术或服务代替大量的赞助、捐赠现金支出，从而更直观地参与到赛事的资源开发过程中。

通过对企业在三届运动会上的支付方式进行对比发现，在体育赛事赞助上，单纯提供资金的企业的比例在逐步缩小，而提供资金 + 实物、技术或服务的复合赞助形式的企业的比例在稳步提高。这说明，随着我国企业赞助经验的日趋丰富，赞助形式趋于合理，企业参与体育赛事的深度也在逐步加强。

在六城会资源开发过程中，实现物资技术和服务收入价值 5200 多万元，占资源开发收入的 33.79%，在很大限度上满足了赛事筹办工作的需要，其中涉及信息系统建设、竞赛器材、车辆、服装、通信、石油、保险、饮料、饮用水、食品、酒类、办公用品、电脑、交通服务、礼仪服务、餐饮、住宿、接待、医疗、电视转播、网络服务等。

三、企业促销功能

当今社会，体育产业已经成为一个蕴藏着巨大商机、最具有发展潜力的朝阳产业之一。体育赞助是以体育为对象的赞助，是指企业（赞助商）与体育组织（被赞助者）联姻，企业向体育组织提供金钱、实物或劳务等支持，体育组织则以广告、冠名、专利等无形资产作为回报，使两者平等互利、共同获益的商业活动。体育赞助作为体育产业的一个重要组成部分，伴随着体育产业的发展而发展。与此同时，体育赞助对体育产业的发展也起到不可忽视的推动作用。因此，有人形象地将体育赞助比喻为体育产业的润滑剂。

动机是激发和维持企业开展市场活动，并导致该活动朝向某一目标的心理倾向或动力，它具有激发、指向、维持和调节等功能。企业的一切行为，包括参与赛事资源开发的需求，都是为了满足企业自身的发展需要。除了具有激活和维持行为的功能以外,它与行为的关系是十分复杂的。企业参与体育赛事资源开发的动机是多种多样的,甚至是几种动机交织在一起所产生的一种综合行为。根据对有关企业的调查,参与赛事资源开发的动机主要表现为增加企业销售业绩,提高市场占有率;巩固和提高企业品牌影响力,寻求产品差异化的竞争优势,一提高企业竞争力;与政府或社会团体建立良好的关系,创造更有利于企业生存和发展的社会环境;作为企业的社会责任;树立良好的社会形象;作为沟通手段,培养和提高经销商、代理商的积极性和忠诚度等。

(一)企业参与赛事的重要机会,体现企业的社会责任

每个企业都要在一定的社会环境下求得生存和发展,而企业所在地的、环境更是对企业发展有着重大的影响。参与赛事资源开发被认为是企业的一种重要的社会公民行为,是作为当地的一分子需要给予社会的一份回报。综合性体育赛事旨在推动城市体育事业的发展,发现培养优秀体育后备人才,同时也是体育赛事与都市文化、城市经济紧密联系的大型社会活动,更可以看作是城市综合实力的大比拼。它不但能充分展示参赛城市及运动员体育竞技水准、体现竞技体育的魅力,也是展现参赛城市的精神面貌和举办城市文化风情的舞台。综合性体育赛事的举办是承办地的一件大事、喜事、盛事,而作为当地较有影响的企业,参与赛事资源开发,被认为是热心社会公益事业的一项重要举措,也是对当地政府的大力支持,有利于增强与当地政府的友好关系,促进承办地经济社会的全面发展。

(二)企业产品促销,提高企业产品形象

企业参与赛事资源开发可以提升企业的知名度。企业参与赛事资源开发的最基本目标之一就是产生或提高消费者对企业产品、服务、技术或企业名称的认知水平。特别是对于新公司或新产品来说,可以在较短时间里大范围地提高消费者对该企业和产品的认知水平。日本佳能公司赞助英格兰足球联赛 6 个月后,在英国的知名度就从 19% 上升到 70% 。韩国三星集团从 1994 年起成

为奥运会合作伙伴，通过对奥运会及其他赛事的赞助活动，使三星的海外知名度提高了30%，已成为全世界增长最快的品牌之一。

企业参与赛事资源开发可以巩固和提高企业品牌影响力。对在赛事资源开发中获得较好效益的企业来说，伴随产品销售量的攀升、企业知名度的提高，将会更加增强品牌意识、注重产品质量的提高。如阿迪达斯、耐克、可口可乐、柯达、三星、李宁等无不是在体育赞助投入中不断注重产品质量的提高，打造企业品牌的。在十运会资源争夺战中，当特步在15天之内以1620万元人民币应对日本品牌美津浓的1000万元人民币创下了体育用品中国市场赞助新高时，特步也实现了提高企业品牌影响力的初衷。

企业参与赛事资源开发可以增加企业销售业绩，提高市场占有率。增加产品销量、扩大市场占有率是每个企业的首要目标，是关系到企业生存的关键，企业参与赛事资源开发的最终目标也是如此。企业参与赛事的目标众多，但归根到底都是为增加销售量这一目标服务的。企业通过参与赛事资源开发的形式使消费者在心理上更容易接受产品，同时热烈的体育活动气氛更能促成消费者的消费偏好和购买欲望。例如，2002年世界杯期间，三精制药不但借助观众对世界杯的强烈关注和期待，大大增进了三精制药与消费者的亲和力，而且以不到2000万元的投入全程赞助央视的世界杯计时标版，获得的收益超过了5000万元。很多企业借助赞助体育赛事有机地与销售相联合，大大增加了企业销售业绩，提高了市场占有率。

（三）成为企业文化建设的重要组成部分

企业形象是当消费者看到或听到企业的名字、理念、口号或标志时，在消费者头脑中出现的企业总体印象。有效的赛事资源开发，用体育精神展现企业形象，可以使消费者将体育赛事的形象、运动员的形象和运动队的形象与企业联系起来，在一定程度上实现形象的转移，增加和提高企业在消费者心目中的形象。在国内外体育营销实践中，这样的例子比比皆是。例如，可口可乐从1928年首次赞助奥运会开始，就和体育结下不解之缘，从不间断地赞助体育。如今一提到体育,人们很快就会想起可口可乐;相反一提到可口可乐每个人也就会很自然地想起体育,真正实现了可口可乐公司“哪里有体育,哪里就有可口可乐”的企业文化诉求。来自日本烟草的七星一手创建了七星国际越野挑战赛,选择以“自我极限,自在天地间”作为赛事宗旨,这不仅符合这项运动的自身特征,更是契合了七星品牌追求自然、自在的品牌诉求,深深烙上了品牌的印记。白沙的“鹤舞白沙、我心飞翔”将白沙的品牌理念表达得淋漓尽致,也将飞翔贯穿于整个品牌传播之中,尤其是白沙与五城会的联姻,将白沙的企业文化植入五城会吉祥物标志之中,可以说是赛事资源开发与企业文化建设结合的最深刻体现。

第二节　体育赛事的市场开发与运作

一、体育赛事市场开发含义

广义的体育市场是指全社会体育产品交换活动的总和。体育赛事是体育市场的中坚市场。是为了满足人们观赏体育活动而形成和发展起来的体育市场。[①] 体育赛事市场开发,用最简单直接的语言来说,就是体育赛事运作管理机构立足于赛事所拥有的各种资源,通过市场交换行为,扩大市场销售范围,尽一切可能增加赛事收入的过程。

在日常对体育赛事的谈论或者运作中,市场营销和市场开发常常彼此替代,甚至被视为同义的词语,但这两者实质上是两个不同的概念。

体育赛事市场营销以满足体育赛事相关利益个人或群体需求为目标,而体育赛事市场开发则以赢得赛事收入为目标。体育赛事市场营销的对象包括政府、运动员、赞助商、媒体、观众、供应商以及其他相关利益个人或群体,而体育

① 傅君芳:《论体育赛事营销与体育市场的开发》《嘉兴学院学报》2005 年第 5 卷第 17 期。

赛事市场开发的对象则是可能为赛事带来直接收入的个人或群体。体育赛事市场营销主要是一个花费资金的过程，而体育赛事市场开发则是一个赢得收入的过程。但另一方面，体育赛事市场营销和市场开发又是紧密联系、密不可分的两个概念。体育赛事市场开发需要运用市场营销方式去开展，而对赛事进行市场营销的目的之一也是为了促进市场开发。对于商业性的体育赛事而言，体育赛事的市场营销更是紧密围绕市场开发，以赢得赛事收入为最终目标。

认清体育赛事市场营销和市场开发的区别和联系，有助于我们把握体育赛事运作管理中这两者的平衡关系。在现在的体育赛事运作管理中，普遍有一种“重市场开发，轻市场营销”的趋势。其背后的原因可能是体制所造成的体育赛事运作管理机构对短期利益的追求，也可能是体育赛事运作管理机构对体育赛事的市场价值抱有主观的理想化的臆测，过高估计自身赛事对观众、对企业、对媒体的吸引力，而忽视了在当今激烈而严峻的市场竞争环境中，存在着众多同质化的体育赛事或者文化休闲娱乐活动。

成功的赛事市场开发有赖于成功的赛事市场营销。唯有使体育赛事运作管理机构所运作的赛事对于潜在的赞助商、观众、电视转播权购买者而言，比其他赛事或者活动更有吸引力，更具独特价值，更能满足他们的特定需求，他们才会支付对等的费用，赛事才能赢得收入。因此，从体育赛事运作的初始，就有必要对赛事市场营销所要花费的时间、资金、人力做出计划及预算，它将很大限度上影响和制约市场开发的最终结果。如果体育赛事运作管理机构未能投入足够的资源进行市场营销，赛事最终获得的收入将大大减少，但如果对投入营销的资源不加权衡，赛事最终取得的收入可能无法平衡营销的支出。

我国体育赛事市场开发方式主要包括商业赞助、赛事门票、特许经营和媒体版权。商业赞助我是国体育赛事当前的主要收入来源，占比达到70%以上，但转播权收入不到10%，相比较而言，欧美体育市场开发程度较高的国家体育赛事转播权开发费用占比高达30%~50%。① 但无论是针对何种对象，实施何

① 张玉超:《我国体育赛事新媒体转播权市场开发的回顾与展望》,《体育科学》2017年第37卷第4期。

种内容,采用何种方法,赛事的市场开发都必须以赛事所拥有的可供开发的市场资源为基础。

二、体育赛事市场开发资源的划分

体育赛事资源可以分为赛事本体资源、赛事载体资源、媒介经营资源和衍生产业资源。这种划分方式十分有利于体育赛事的总体开发思路的确定。见表 4－2－1 所列。

表 4－2－1　赛事资源划分

资源类别划分	赛事本体资源	赛事载体资源	媒介经营资源	衍生产业资源
相关项目	冠名权	场馆广告开发	媒体经营开发	衍生产品开发
	特许权	户外广告开发	文化活动开发	相关产业开发
	专有权			
	赛事项目开发			
	无形资产开发			
	赛事转播权			

在这种方法指引下,可以归纳成一个有关体育赛事总体开发和管理的“赛事资源示意图”,如图 4－2－1 所示。

按照图 4－2－1 所示的思路,体育赛事作为一个市场资源平台的所有经营资源彰显无遗。这个图例对体育赛事的资源开发做了总体性描述,下面以第五届全国农运会市场开发计划为例,详细描述体育赛事的市场开发领域划分和筹资渠道划分。

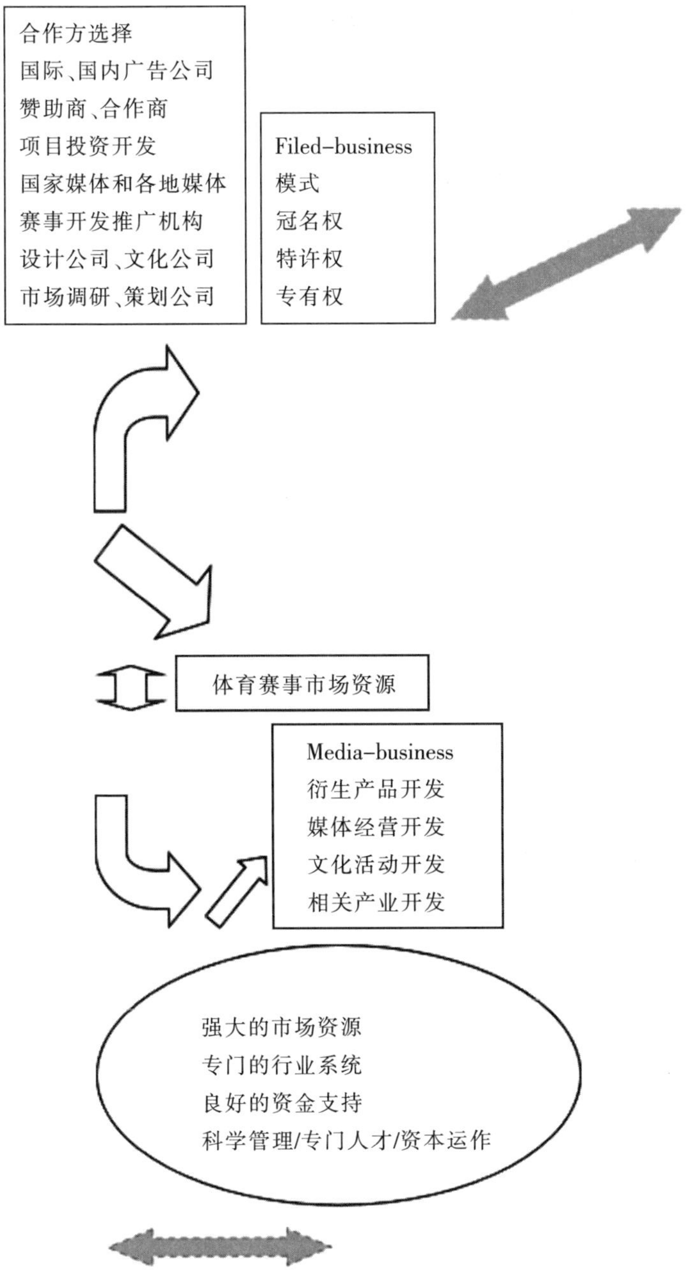

图 4-2-1　体育赛事市场资源示意图

资料来源:纪宁、巫宁:《体育赛事的经营与管理》,电子工业出版社 2004 年版。

【案例】农运会市场开发计划资源划分

1. 开发总原则

“以市场运作为主，多元化筹集资金”，本届农运会筹资以市场手段、商业化运作为主，出售农运会全部有形资产和无形资产，这是筹资的方式。要与全市企业创名牌结合起来，鼓励企业生产厂家、专用产品、指定产品、标志产品。此外，出台筹资办法，鼓励捐款、赞助。

筹资主要来源：

(1) 社会捐赠

筹资委员会将按照《中华人民共和国捐赠法》的规定，通过一系列社会捐赠活动的宣传，充分发挥农运会无形资产的优势，运用农运会巨大的影响力，调动省内外、海内外各界人士的积极性，组织和接受全社会的各类捐赠。

(2) 无形资产和有形资产

这些资产主要包括农运会的专有权、广告、系列招商活动等，将这些资源作为农运会对赞助商的回报条件，根据赞助农运会金额的大小，将对其给予不同的回报。

农运会专有权

农运会特殊标志的使用权

农运会电视转播权

农运会比赛项目冠名、冠杯

农运会特殊命名

农运会系列旅游

农运会的门票(门票代理、门票广告等)

农运会开、闭幕式的门票销售权

(3) 农运会广告

(4)“农运会前奏”系列活动招商

(5) 财政拨款：农运会各项目建设要以农运会为契机，展开政府公关，申报项目，争取资金。

2. 冠名权、专有权、特许权

(1)冠名权

冠名权分为赛事冠名、闭幕式冠名和体育道德风尚奖，是农运会筹资来源的重要手段之一。

赛事冠名——田径杯、篮球(男、女)杯、舞龙舞狮杯、龙舟杯、乒乓球杯、游泳杯、民兵军事三项杯、摔跤杯、自行车载重杯、武术杯、毽球花毽杯、风筝杯、钓鱼杯。

闭幕式冠名——中华人民共和国第五届全国农民运动会×××之夜闭幕式暨颁奖晚会。

体育道德风尚奖冠名——×××体育道德风尚奖。

(2)专有权

农运会专有权包括专用产品、指定产品、标志产品三大类。

专用产品——是指农运会所必需的，与农运会有直接关系的各种专用物品。获专用产品专利权的厂家，向第五届全国农运会宜春市筹委会交付专用费，专用产品专用权在同种产品中只授予一家。

指定产品——是指与农运会有间接关系，在同种产品中可独家使用农运会名称、会徽、吉祥物等进行宣传、印刷在包装上的产品。指定产品在同种产品中只授予一家，经招标入选的需要交纳一定费用。

标志产品——是指使用农运会会徽和吉祥物进行宣传并负责印刷在其包装上的产品。该类产品不限一家，可有多家，产品也不需要与农运会有联系。

(3)特许权

是服务行业的特许权招商。包括邮政、运输(民航、汽运)、餐饮、酒店宾馆、银行、保险、印刷、游乐场、商场、休闲健身中心、旅行团等。

3. 赛事项目开发

(1)赛事冠名

田径杯、篮球(男、女)杯、舞龙舞狮杯、龙舟杯、乒乓球杯、游泳杯、民兵军事三项杯、摔跤杯、自行车载重杯、武术杯、毽球花毽杯、风筝杯、钓鱼杯。

(2)门票收入

农运会的开幕式、闭幕式和各项赛事均可以发售门票。门票可分为直销、套销(各场馆赛项配套)、配销(赠送赞助商等)、网络销售等方式;可以寻求门票销售代理公司;可以与旅游团、旅游公司捆绑销售进行分层;可以开发门票广告,专业公司进行门票广告招商。

(3)相关赞助

可以由某个赛事协会(如钓鱼协会)向海内外进行赛事推广,争取爱好者的赞助,授予名誉会员或者颁奖嘉宾的回报,个人赞助和企业赞助、资金赞助与产品赞助均可。

4. 广告载体开发

(1)场地广告

分为运动场馆广告和场馆周围户外广告,包括横幅、路牌、气球、彩旗、地面、花篮、灯箱、墙面等。

(2)户外广告

2004年的宜春市内户外广告由筹委会统一安排,分为市中心倒计时牌广告、候车亭、楼顶、路牌、报栏、灯箱等。

(3)印刷品广告

秩序册、成绩册、宣传海报、导游册、旅游地图、工作证、门票、会刊等。

(4)移动广告

分为公共汽车车体、出租车内、工作人员服装、志愿者服装等。

5. 无形资产开发

(1)赞助商开发

这是农运会市场开发和资源配置的优先战略目标,是筹资来源的重中之重。赞助商开发分为主赞助商和特约赞助商两种,其实质就是将农运会的品牌价值转让给赞助商进行利用,农运会的整体品牌是农运会的最大无形资产。

(2)吉祥物标志开发

吉祥物的系列开发总是现代大型运动会无形资产开发的重要组成部分。

(3)申请发行纪念币、纪念邮票、首日封、明信片

把无形资产转化为纪念产品公开发售。

6.衍生产品开发

第一,吉祥物玩具——与玩具厂商合作生产。

第二,金属徽章纪念品——与工艺品厂合作生产。

第三,纪念服装——与服装厂合作生产。

第四,现场观看用品——彩旗、喇叭、面部油彩。

第五,当地特产——联合当地特产企业。

7.媒体经营开发

(1)电视转播权招商

根据九运会电视转播权招商经验,农运会一定要坚持用专业公司(如中体公司)和中央台、地方台进行电视转播权谈判工作,以期最大收益效果。由于我国国情和农运会特点的限制,转播权招商可采取灵活应对策略:以资源置换为主要手段,换取各电视台广告时段和新闻服务;按方向把转播权分为赛事转播、新闻报道、资料收集三个层次进行不同方式的合作;以中央台为主要销售对象,江西台次之,各有线电视体育频道为辅助销售对象;尽快出台《中华人民共和国第五届农民运动会电视转播权开发管理条例》,对招商工作进行明确指导。

(2)媒介广告联销

通过电视转播权资源互换和合作栏目的资源互换筹委会所获得的报纸、杂志、电视、网络的广告资源由广告代理公司进行招商,可采取“专栏”形式冠名招商。

(3)音像制品发行

所有农运会的赛会影像资料可以经过筹委会批准,进行音像制品发行。

(4)图书出版发行

所有农运会的赛会图文资料可以经过筹委会批准,进行图书出版发行。

8.文化活动开发

农运会前奏系列文化活动招商,是农运会市场化运作的重要组成部分。大

型活动的举办一是可以直接筹资；二是可以扩大影响，确立农运会的商业形象系统，为市场开发创造良好氛围；三是可以充分挖潜和整合社会各界资源，从而使农运会的经济效益和社会效益最大化。系列文化活动开发可多可少，要根据实际情况和合作伙伴的运作情况随时调整，经讨论建议举办以下系列文化活动：

(1)大奖征集开幕式表演中的农运会圣火点燃方式

大型运动会开幕式的点火方式是公众关注的焦点，悉尼奥运会和北京世界大学生运动会的开幕式给人最深刻的印象就是点火方式的新颖奇特而有时代内涵。宜春农运会可以与新浪网、中华网等主要门户网站合作，共同炒作这一媒体关注焦点，迅速扩大宜春农运会的知名度。

(2)农运会圣火采集仪式和火炬传递活动

这个活动可以扩大社会参与面，建议结合商业运作或媒体运作，共同开发一个电视栏目或大型活动，比如类似凤凰卫视的“亚大陆行”，我们可以联合《好车》杂志社和旅游卫视共同举办“红旗农运世纪行”。

(3)中华民间体育奇人展示

结合农运会的运动项目，开发趣味性民间体育表演。可与媒体共同合作创办类似栏目或参与栏目内容，如中央电视台的《早安中国》、湖南卫视的《乡村发现》、北京体育频道的《爱好者》或者单独的极限运动炒作，如张建横渡英吉利海峡。

(4)“宜春农民体育文化节”

通过丰富多彩的内容和形式，展示人们对农民体育文化的热爱。利用宜春农运会的宣传攻势、体育设施建设，依托宜春的农业产业化城市定位，宜春可塑造“民俗体育旅游城”的特色形象。民俗体育，具有趣味性、参与性、娱乐性、大众性的特点，寓健身于游乐，寓体育场所于自然山水之间。

(5)“为了农民的节日”同一首歌晚会

利用中央电视台文艺中心的品牌栏目和亚星国际有限公司买断同一首歌的操作，聚焦全国注意力，提升农运会形象。

(6)“红旗农运世纪行”

汽车从解放前的农民运动讲习所出发,历经前四届的举办地北京、孝感、上海、绵阳宣传农运,传递圣火。

(7)中国农民艺术展

邀请国内有地方特色的,如剪纸、绘画、漆画、版画、摄影、雕刻、书法等民间艺术家参与,是对宜春农运会文化内涵的丰富。

(8)农业生态主题旅游节

主题旅游是合理利用“补偿效应”,迅速有效地打造全国品牌的手段。根据宜春旅游资源的特点,建议宜春以“绿野仙踪城”“中国绿色童话城”“翡翠城”等主题改造旅游资源,激活旅游市场

(9)中国现代农业发展论坛

为中国农业和世界农业现代化接轨设定的国际论坛,参加论坛的均为实力雄厚的大企业及投资领域代表。完备的论坛组织秘切实可行的优惠政策将为宜春的招商引资带来成效。

(10)中国农业科技成果博览会

推动农业科技进步,加强农业产业化发展,博览会可以邀请有关农业的国际、国内大企业,使之有可能成为农运会的主赞助商。

(11)“农运会使者”选拔大赛

广泛向社会各界尤其是广大农村青年招募青年志愿者,使农运会的“礼仪使者”和“农运会志愿者”选拔成为中国城乡青年的关注焦点,此活动既是农运会的服务队伍组建,又为全民参与农运会提供了良好平台。

(12)“全国农业产业化示范基地交流”

让全社会关注“现代化农村、现代化农民、现代化农业”问题。在宜春农业产业化示范基地举办“全国农业产业化示范基地交流”活动,通过全国各市县有关领导的交流,推广“宜春农业产业化示范模式”。

(13)农运会形象大使新闻发布会

利用“名人效应”,进行农运会推广和招商宣传活动。

(14)首届中国农民喜爱的歌曲评选颁奖晚会

结合“闭幕式”,在全国范围内评选中国农民喜爱的歌曲,并举办颁奖晚会,明星云集,共同为农运会喝彩。

(15)“让世界了解你”宜春农运会海外形象展映

利用中央电视台“让世界了解你”栏目让中国现代化农民形象走向世界,与世界交流;利用“走向世界、财富中国”“江山如此多娇”等栏目集中进行海外形象展映。农运会要在海外加强宣传力度,获取海外华人和相关机构的支持,使全世界华人关心农运会,并对农运会的体育项目产生浓厚的兴趣,对民风、民俗、民间文化现场体验产生好感,这样才能加大宜春的旅游发展。

以上系列文化活动均采取“项目合作制”的方式,由各个专业公司上报筹委会策划执行方案,签订合作协议,进行市场化运作,活动收入按协议进行利润分层。以上系列活动仅为参考方向,具体落实由项目合作公司负责。

三、体育赛事市场开发与筹集渠道

(一)体育赛事商业赞助五步走

企业为什么要赞助体育赛事,赛事组织方如何成功吸引企业赞助?体育赛事带给赞助商无穷无尽的机会,让他们得以介绍、展示产品,营造产品的差异化特征并促销产品,奖励销售队伍,招待当前或潜在客户观看比赛,增加媒体和公众曝光率,改变和提升公司形象,增强员工士气,开辟新的细分市场和销售渠道并巩固市场、防御竞争对手。体育赛事作为一种传播媒体,不仅因其为人们所喜闻乐见而受到企业欢迎,而且受众特征明显,忠诚度高,注意集中。体育赛事营造出一种符合受众兴趣目标和生活方式的氛围,在这种氛围中,信息能得到更高效率的传播。总而言之,体育赛事不仅吸引着饶有兴趣的观众,而且吸引着将观众当做潜在市场的赞助商。

能否吸引到赞助商可以说是成功举办赛事的第一前提。有了赞助经费,组织方才能购买更好地设施、聘用更多的人员并为参赛者提供更好的服务。因此,要研究、借鉴吸引赞助商的有效工作方法。NBA(美国男子职业篮球联赛)旗下新发展有限公司副总经理迈克·戴尔指出,在说服赞助商的过程中,不仅要善于介绍,更要善于倾听,了解赞助商的需求;给赞助商的建议书中应有关于赛事的量化数据,可将研究或预测报告列为建议书附件;与赞助商维持良好的关系非常重要,对赞助商的接待规格要高,但也要考虑成本,避免过度支出。

赛事管理专家通过收集、归纳众多专家的意见,总结出吸引体育赛事赞助商的"五步走"方案如下:

1. 了解自己的赛事

首先,要弄清赛事是否真正有必要吸引赞助商。在组织方理解赞助商作用的同时,组织方也应弄清自己能为赞助商提供什么利益,弄清什么是组织方借以在谈判桌上吸引赞助商的优势。下面举例说明赛事能为赞助商带来的资源。应事先核实提供这些资源的可行性,保证所有许诺最后都能兑现。例如,承诺给予赞助商路边广告牌广告位,就要先查阅当地法规,弄清是否允许在路边设广告牌。许多体育赛事设有多个赞助商级别,赞助商级别越高,享受的利益就越多。

【案例】冠名赞助商利益示例

冠名权:在赛事名称前冠以赞助商名称(或加上赞助商标志)。

媒体报道:电台、电视台等媒体为赛事做直播或连续报道时,将反复提及赞助商名称,并出现有赞助商标志的镜头。

赛前赛后宣传机会:

赞助商名称和标志可出现在:向媒体寄送新闻资料的信封上;报名参赛的登记表;赛事促销车车身;直邮手册、在售票点发放的宣传印张等;门票;投币电话使用的硬币、各种临时磁卡、单据的底纹;赛事网站与赞助商网站建立友情链接;售票点贴出赞助商标志;赛事的路边宣传广告牌、指路牌;赛前活动如新闻发布会、预选赛等;给有关人士的答谢信(信封、信纸)。

赛事现场宣传机会：

广告牌（应向赞助商提供2块10英尺×10英尺的广告牌，另加广告条幅）；节目单上的半页广告；主持人讲话时鸣谢赞助商（每场比赛三次）；电子计分牌广告；在运动员参赛服装及赛事工作人员和志愿者的制服上印上赞助商名称或标志；对单项赛事赞助商（如只赞助运动会百米赛跑的赞助商），应在所赞助的单项赛事前、中、后给予宣传。商品销售机会为赞助商搭建展示、促销、销售产品或服务的摊位；发放样品或优惠券；安排赞助商与观众交流的互动式活动；排他性特许经营权。

现场接待：

10张赛事门票；7张VIP停车证；1顶10英尺至20英尺的专用接待帐篷（不含餐饮服务）；10张赛后接待宴会的贵宾请帖。

其他利益：

市场研究机会；优先选择权；赛事评价报告；共享赛事促销的电子邮件列表；唯一特许经销商权利；邀请参赛运动员参加一项广告拍摄或促销活动；赞助商在市场营销中使用赛事标志；赞助商与赛事组织方互助宣传。

小知识：赞助商级别分类

冠名赞助商（如“百事可乐杯青少年足球联赛”）；

主赞助商（如“由百事可乐公司赞助的青少年足球联赛”）；

支持赞助商或联合赞助商（此类赞助商的级别低于前两类）；

产品提供赞助商（指为赛事提供实物赞助的企业，实物包括产品及服务）；

个人捐助者。

除了弄清能给予赞助商哪些有形利益外，还应该能说出赛事观众的大致人数、人口特征和心理特征，以帮助赞助商判断赛事观众与其营销目标的对应程度。观众人数包括到现场观看比赛的人数和收看比赛电视转播的人数。有时，赞助商也会关心参加比赛的人数（特别是对于参加人数众多的群众长跑等活动）。人口特征指标包括年龄、性别、收入、教育程度、婚姻状况等；心理特征则是指态度、对事物的看法及生活方式。这些统计数据可通过在赛事（或类似赛事)现场抽样调查获得,也可向体育管理机构、体育行业组织、专业刊物或相关市场调研公司查询或购买。在美国,《体育市场目录》(Sport Market Place Directory)能提供此类统计数据。

“了解赛事”也包括了解赛事对赞助商的价值。虽然没有计算这种价值的万能公式,组织方仍可以通过估算每一项赞助商利益的价值然后汇总得出总价值。例如,可以通过计算报纸对赞助商的报道篇幅及电视收视率来测算为赞助商带来的宣传价值,网站宣传价值则可通过赞助商链接点击次数(千次)乘以网络运营商对每千次点击的一般收费价格来测算。最后,还可用类似赛事做参比,即了解在该地区举办的其他类似赛事为赞助商带来过多少利益。

决定赞助费高低的一个重要因素,是作为赞助商宣传媒体的赛事在受众中创造出的媒体价值。“同样的赛事,在上海和西安举办,创造出的媒体价值肯定是不同的。”赛事之间存在着竞争。“你的赛事在区域范围内是独一无二的吗?还是邻近地区还有五场类似比赛要举办呢?赛事是首次举办还是已成定期惯例?类似比赛的赞助金额是多少?对于不同行业的企业来说,赛事能为他们带来的价值是否有所不同?举个例子说,如果赛事组织方允许赞助商在赛场设销售点,这对生产饮料的公司显然更有价值,而对银行则价值不大。”当企业考虑是否赞助一项赛事时,一定会思考这五万元赞助费花在别的方面会起到什么作用——可以用来购买多少媒体广告版面/时段?可以用来搞几次商场促销?可以发展多少客户……

有形价值纵然重要,但也不要忽视赛事为赞助商带来的无形价值。人们认为好的企业应富有社会责任感,如果企业通过赞助赛事塑造了责任感的、关心公益事业的形象,企业的无形资产就会增加。“与投放媒体广告相比,赞助赛事的优势在于更能使企业深入人心,这种传播是以质取胜的,而非狂轰滥炸,以量取胜。”赞助企业除了交纳赞助费外,有时也拿出一部分钱做公益捐助(或事业性捐助)。例如,奥运会赞助商 VISA 信用卡公司将奥运期间销售收入的一部分捐赠给美国奥运代表队;WNBA(美国女子篮球联盟)篮球赛赞助商美国通用汽车有限公司按照比赛销售门票的数量,每售出一张门票即向美国乳腺癌基金会赠一美元。

2. 开展调研,甄别潜在赞助商

也许一些人认为调研工作太复杂烦琐。但要想吸引赞助商,除了运气之外,调研工作是有益而必要的。有两种调研方法,一是通过个人经验和观察找到赞助商目标,然后进行初步了解和接触;二是从当地报刊、行业刊物和行业资源库中查找资料。

采用第一种方法,平时就应该留意赛事举办地,特别是临近赛场的片区有哪些类型的商业公司,并向参赛者及观众了解他们今后六个月内打算购买何种商品、他们一般将可支配收入花在哪些项目上。

应多参加赛事举办地的经济论坛、企业家俱乐部等。这将增进赛事组织方对当地企业的了解,扩大与当地企业家的交往,增加合作机遇。

还应亲临类似赛事现场进行调研,记下哪些企业提供了赞助,及组织方给予了赞助商哪些利益。这样就能了解赞助该类赛事的企业多属于哪些行业。赞助过类似赛事的企业及其同行竞争者都是你所主办赛事的潜在赞助商。

采用第二种调研方法,就需要多阅读当地报纸和行业刊物。阅读行业期刊能帮你了解最新商业动态和社会潮流,阅读当地报刊则可帮你了解有哪些企业正计划打开或扩展当地市场。从这些资料中,你能分析出什么样的公司对什么样的赛事感兴趣,或其希望开拓的市场与你所举办赛事的受众人口特征是否符合。互联网上也有大量的信息资源。从网站上了解企业情况,有针对性地撰写赞助建议书能提高建议书的说服力。

赛事的类型和规模不同,甄别和吸引赞助商采取的手段也应不同。下面结合上述两种调研方法,提出了甄别和吸引赞助商的相关建议。

小知识:甄别和吸引赞助商的相关建议

了解参赛运动员有无与之签约的商业公司。如果有的话,这些公司很有可能借助运动员参加的赛事开展宣传活动,也就是说可能成为赛事赞助商。

如果赛事资助某些公益组织,可请这些公益组织的负责人为你引荐一些有意赞助赛事的企业领导。对于高校赛事，一些事业成功的校友也能提供此类机会。

如果你组织的赛事是小型赛事，不妨多关注那些赞助过同一地区较大型赛事的企业，因为它们可能将你的赛事视为对现有赞助策略的补充。

鼓励已达成协议的赞助商推荐其商业伙伴共同赞助赛事。通常，为赛事引荐其他赞助商的公司将得到10%的赞助费返还或其他优惠待遇。麦当劳经常介绍其合作伙伴可口可乐公司一起赞助赛事，必胜客快餐店则介绍百事可乐。一些连锁商业集团也十分愿意联合日用品生产商一起赞助赛事。

鼓励合作媒体介绍其广告商赞助赛事。

可说服欲与赛事组织方、现有赞助公司发展业务关系的企业（如律师事务所、会计公司、电信公司及其他供应商/服务商）成为赛事的实物赞助商。

承诺为赞助商介绍客户，帮助赞助商增加销售机会。例如，美国皮划艇协会（ACA）的赞助商是提供皮划艇用品及维修服务的Subaru公司。协会与Subaru公司签订合同，向其25000位会员推广Subaru公司产品。Subaru公司向购买产品的美国皮划艇协会（ACA）会员赠送三年免费服务，每售出一艘皮划艇还可给予协会150美元佣金。结果不到一年，美国皮划艇协会（ACA）就成为了Subaru公司在美国最大的代理，每年销出的新皮划艇多达200余艘。

通过给予赞助金折扣，鼓励赞助商尽早签订协议。

3. 与赞助商联系，提交赞助建议书

一旦甄别出哪些企业可能成为赞助商，下一步就是与企业进行接触。找到对方企业负责管理赞助事宜的确切部门和人员非常重要。一些公司（如可口可乐公司）有专门负责体育营销的部门，另一些公司则有指定工作人员处理赞助建议。可打电话给企业，介绍赛事基本情况，了解企业的想法并建议安排面谈。直接冒昧地打电话常常效果不好，最好能找一个熟人帮你推荐。电话的开头可以这样说：“我最近碰到×××，他建议我和你联系……”或者“最近我了解到贵企业希望开拓本地的10～14岁青少年市场，我们主办的赛事的观众正好就是这一人群……”。下面是一封赞助商联系函示例。

【案例】

柯达公司××区总经理：

您好！

柯达意味着完美影像，皮划艇运动则意味着体会中流击水之在人生中留下难忘的回忆。无论是专业皮划艇运动员、准专业的爱好者，还是在休闲时光租用皮划艇在水上游玩的顾客，都希望留住水上运动的欢乐一刻。柯达公司生产的 Fun Saver 防水相机充分满足了这类顾客的需要。我们美国皮划艇协会希望协助你们将这一商品信息传递给更多感兴趣的人士。

美国皮划艇协会成立于 1880 年，现已成为全国最大的划船运动组织。我们不但继承传统，而且不断适应划船运动的新发展，成为了这一运动领域新趋势的代表者。我们不但负责国内激流运动教练的资格认证，而且每年批准七百多项赛事，直接管理美国皮划艇运动队，并积极宣传河流环境保护工作。美国 Subaru 公司等企业已成为了我们的签约赞助商。

我们有能力为柯达公司打开与全国划船运动爱好者的交流渠道，提高柯达产品在他们中间的知名度。这个市场的规模超过 420 万人，他们都是柯达产品最有潜力的购买者。详细方案请见随信寄上的"建议书"。

感谢您阅读本信及"建议书"附件。非常希望在接下来的几个星期里有机会前来拜访。我的联系电话是……

致

美国皮划艇协会市场营销总监×××

×年×月×日

如果打电话到企业时接电话的人对赞助不感兴趣，也应询问是否还可以找其他部门、其他人联系，或向他们寄送建议书。如果赛事将吸引大量媒体报道，可与企业的广告部联系。举办公益赛事，则可询问企业是否有用于赞助公益事业的公益基金。其他可以联系的部门包括行政部、公共关系部、品牌推广部、活动策划部和区域营销部，等等。

与赞助商联系函一起寄出的还应包括一份赞助建议书。建议书不必四色印刷,装帧精美,但一定要有专业水准(纲要举例如下)。可在编写建议书之前先询问企业想要了解哪些信息。

赞助商建议书纲要。

用一段文字对体育赛事、赛事组织方和相关者做简要介绍。

赛事的源流及基本情况:赛事名称、开赛日期、举办地点、参赛者(运动员姓名、运动队/球队名称)、观众人数(历届观众人数及本期预测)、媒体报道(历届报道及本期预测)、公益性质(赛事所得将捐助何种公益机构/事业、捐助额度)、参赛者及观众的人口特征、赞助商利益、赞助费标准。

递交赞助建议书的时机也很重要。应了解对方企业的预算周期何时做年度财务预算。通常在赛事举行前一年半就应该联系赞助商,如果开赛前半年才联系赞助商,可以考虑在达成长期赞助意向的前提下给予当年赛事的赞助费优惠。如果企业资金短缺,也可以实物赞助(产品和服务皆可)的方式换取赞助商权益。

除了邮寄信函外,亦可通过网络发布赛事征求赞助的信息。例如,1995 年美国举行圣帕特里克节橄榄球赛(美国队 vs. 爱尔兰队)前,曾通过多个橄榄球网站发布比赛信息、比赛赞助商等级分类及赞助商招商启示。结果,爱尔兰啤酒公司按网上信息找到了赛事组织方,达成了冠名赞助协议。

4. 主动进行跟踪联系

企业很少会主动打电话给赛事组织方,因此,应在寄出建议书后安排好对企业进行跟踪联系的时间(通常,寄信后的 10 ~ 14 天是联系的最佳时机)。打电话时,询问对方是否收到了建议书,是否进行过内部讨论。根据对方企业感兴趣的程度在电话中预约进一步会谈。

双方见面会谈时,组织方应向企业提供比原书面材料中更多的信息和建议,最好配合演示文档进行演示。如果顺利,通过面谈可初步达成口头协议,并进一步签订正式协议。

谈判的关键点之一是赞助期限。签订多年期赞助协议可省去每年续约谈判的成本,维系赞助商与赛事之间的固定关系,并使协议双方都能更精确地做好预算。但对于新设置的赛事，由于是否能长期办下去的前景是不明确的，专家建议还是签订单期赞助协议较好。并且，在寻找赞助商时，最好找那些能帮助推广赛事的赞助商。像可口可乐公司这样的赞助商，可以在配送车的车身、社区销售点和各种广告上宣传赛事，这样做对新赛事的帮助可能比单提供现金赞助更大。当然，随着赛事的成长，对赞助商的优先选择原则也会有所改变。

如果所联系的企业在两个月内未表示赞助意愿，从它们那里取得赞助的可能性就不大了，但这并非说没有希望了，也不要中断和这些企业的联系。每过几个月，应向这些企业发送一些关于赛事的正面消息，如新闻媒体报道、成功的营销行动、最新赛事活动，甚至新签约的赞助商等。这样做的目的是向企业展示赛事的知名度在不断提高，并正在为其他赞助商带来良好的营销机遇。这种不断传递消息的做法对赛事组织方来说成本很低，却不失为说服潜在赞助商的有效策略。

还可以邀请潜在赞助商观看赛事（或组织方主办的其他赛事）。现场观看比赛能让赞助商更直观地感受比赛气氛，观察赛事为企业带来的商业机会。

有关的赛事专家建议，最好先找到一家媒体赞助商和一家连锁超市赞助商。这样，赛事就有了媒体宣传的支持，有了针对社区公众的促销渠道，将为吸引其他赞助商（特别是提供现金的赞助商）创造有利条件。

联系赞助商时，不要只询问那些熟悉的企业，这会限制你的工作范围。尽管电话营销常遭到冷遇，美国 IEG 赞助报告对各类赛事的统计却显示，77% 的赞助金额都是从这一途径吸引到的。应做好这样的思想准备：每 100 次电话营销能促成 10 次面谈，10 次面谈能谈成 1 个新赞助协议。

总之，吸引赞助商，就意味着向赞助商“推销”你的赛事。不妨向其他企业学习一些推销技巧。例如，收集别人制作的各种促销信件和建议书，看看它们是如何吸引人们的目光，促使人们打开信封，以至对具体内容产生兴趣的。这些策略都可以用在自己的工作中。

5. 为赞助商提供服务

吸引赞助商最简单的方式，莫过于说服现有赞助商续约。这就要求组织方为赞助商提供良好的服务，将赞助商视为最宝贵的资源。不仅应在举行赛事时为莅临现场的赞助商提供良好的招待，还可以让赞助商参与赛事有关决策的制定。总之，赞助商感到与赛事的利益关系越紧密，受益机会越多，他们继续赞助赛事的可能性也就越大。

仅仅将赛事冠以赞助商之名是不够的。组织方还应为赞助商提供广告宣传、促销机会、现场销售机会和公关接待服务。组织方应帮助赞助商更好地利用赛事提供的营销机会，并帮助他们量化测评赞助赛事所带来的营销业绩。

在赞助商制订围绕赛事的营销策略前，赛事组织方应向赞助商提供营销指南。如果赛事组织方反复改变赛事计划，或为赞助商的营销工作设置障碍，就会有损信誉，打击赞助商未来续约的意愿。

可将赛事所有赞助商的企业名称、赞助级别及将要开展的促销活动编辑成时事快讯，发给每个赞助商。这样做不仅能增加透明度，增进赞助商间的交流，还能促成互助营销的合作机会。互助营销的一个例子，是美国银行与 VISA 信用卡公司合作推出了“奥运会 VISA 信用卡”。持卡人每使用一次该信用卡，就能得到相应的参与奥运赞助商促销活动（如参加免费奥运之旅等）的机会。

赛事组织方也应与赞助商、当地商业管理部门合作，防止其他企业进行埋伏营销。埋伏营销是指非赞助企业采取的一种“钻空子”手段，以类似赞助商的形象出现在公众面前。最好的防范策略是以攻为守，事先了解哪些位置容易被埋伏营销者利用，并保护这些位置。例如，组织方可与户外广告公司、机场及地铁广告公司达成协议，给予赞助商购买广告位的优先权，可通过有力的公关策略宣传赛事的正式赞助商，等等。

还有要注意的一点是，要防止赞助商操控赛事。有时，一些主要赞助商会利用相关手段完全控制赛事，包括控制赛事促销计划、赛事预算及营利方式，甚至对赛事的组织方进行人员渗透。在美国，曾有一次一家饮料公司夺取了对一项公益赛事的控制权，也改变了赛事的公益性质。这也显示了体育产业激烈竞争的一面。

(1)电视转播权销售

体育赛事电视转播权销售价格迅速上涨,销售方式多样化,电视转播权的销售收入成为大型体育比赛以及具有广泛群众基础的高水平体育赛事的主要经济来源。体育赛事的电视转播权是随着体育赛事的电视转播相伴而生的,一般是指体育组织或赛事的承办单位在举办体育比赛时,许可他人进行电视现场直播、转播、录像,并从中获取报酬的权利,适合实行电视转播权有偿转让的赛事有大规模综合性运动会、热门项目的职业联赛,以及各项目的商业性比赛。从概念上来说,体育比赛的电视报道权,是指比赛主办单位权决定是否给予某一电视机构对比赛进行电视报道的权利,以及对于被授权进行电视报道的单位提出相应要求的权利。按照国际惯例,电视报道权是比赛谁主办就归谁,如奥运会的电视报道权就归国际奥委会所有。

对于电视报道权的开发,主要体现在对电视报道权的出售上。国际上,电视报道权一般分为 3 个部分,即新闻报道权、赛事集锦权和赛事实况转播权。电视机构凡是播出 3 分钟以上的赛事画面,就要购买新闻报道权;集中播出 15 分钟以上的集锦画面,就要购买赛事集锦权;对赛事进行转播,就要购买电视转播权。电视报道权按照电视媒体的性质,可以分为有限转播权、无限报道权和卫视报道权 3 类;按地域可分为全国性报道权和地方性报道权两类。体育赛事可以看作一种特殊的媒介,并可以按照媒介经营开发的思路进行经营。综观几十年来体育赛事电视转播权的销售状况,体育赛事转播权的确是遵循了媒介开发的特点——由体育组织或体育机构主要协商购买、广告置换、招标、集中销售、中介运作、一揽子计划销售渠道及促销方式。

随着互联网平台的发展以及国家逐步放宽对体育赛事转播权的限制,众多新媒体平台加入到体育赛事新媒体转播权的竞购之中。有学者将体育赛事新媒体转播权的开发定义为:赛事转播权的持有者使用其所拥有的新媒体转播权资源,通过与企业之间的市场交换行为,尽可能地提高体育赛事经济效益的过程。新媒体的不断发展对传统媒体造成巨大的冲击,因此体育赛事新媒体转播权在一定程度上取代了传统的电视转播权。相比较电视转播，新媒体的传播渠道更为多元，包涵网络媒体、手机媒体、互联网数字电视和智能媒体等，观赛者可通过手机、平板、电脑、互联网 电视等多终端即时观看体育赛事，这也使得体育赛事的影响力不断增强。新媒体赛事转播更注重于互动性、开放性、娱乐性，用户群体更年轻化，同时观众数量呈现出逐年上升的趋势。

体育赛事新媒体转播权的销售方式主要为全媒体的转播权和开发权，如2015 年 1 月 27 日，腾讯出资 5 亿美元成为 NBA（美国男子职业篮球联赛）未来 5 年中国数字媒体独家官方合作伙伴，获得 NBA（美国男子职业篮球联赛）在中国网络上的独家转播权，且还拥有 NBA（美国男子职业篮球联赛）的 30 支球队所有比赛的播放权及在其他互联网平台播放 NBA（美国男子职业篮球联赛）授权的“剩余权限”。在体育赛事新媒体转播权开发上，康益豪、延怡冉在《我国体育赛事的新媒体转播权开发研究 ——以腾讯体育、爱奇艺体育、PP 体育为例》中提出了“三次售卖理论”。第一次售卖为“内容”，以优质的赛事内容吸引消费者注意力；第二次售卖指“卖受众群”，利用赛事形成的受众群体扩大平台影响，吸引赞助商；第三次售卖指“卖品牌”，平台通过挖掘资深互联网价值，打造自身产品网络，形成产业链，产生带动价值。①

（2）买卖双方相互协商购买

这种销售方式无论过去还是现在，在媒介购买中都广泛存在。无论是单项赛还是综合性的比赛，也不分规模大小通常都采用此方式。这种方式的优点之一在于保证电视转播权销售过程中取得最大经济利益同时，还能使体育比赛得到最广泛的报道，包罗最广泛的观众，从而使体育运动更广泛地深入人心，促进体育运动的健康发展。

奥运会在欧洲的电视转播权是由欧洲广播联盟控制的，该机构属非商业机构，由 31 家转播机构联合组成，在财政方面由政府支持，在广告及收费上有严格控制，该联盟目前控制着大部分精彩体育比赛的电视转播权，诸如奥运会、世界

① 康益豪、王相飞、延怡冉、柯嫦女：《我国体育赛事的新媒体转播权开发研究——以腾讯体育、爱奇艺体育、PP 体育为例》，《天津体育学院学报》2020 年第 35 卷第 4 期。

杯足球赛、欧洲三大杯足球赛、国际田联世界杯系列大奖赛等,但该联盟支付电视转播权的费用较低。相比之下,若体育比赛组织者将电视转播权出售给欧洲各国电视台会得到更丰厚的收入,但各国私人电视台会让观众以有偿付费的方式观看体育比赛,由此而来会降低观看体育比赛的人数,给体育比赛的社会影响和社会效益方面带来消极影响,制约了电视对体育运动的推广及宣传的功能。

另外,阿拉伯国家电视联盟、亚洲广播电视联盟、日本广播电视国际财团(NHK 和民间广播局)等,对奥运会及大型国际体育比赛电视转播权一般都采用集中购买的方式。这样既能保证体育的经济效益,也能促使电视对体育宣传和推广功能的发挥。

2000 年初,国家广播电影电视总局下发了《关于加强体育比赛电视报道和转播管理工作的通知》。通知规定,奥运会、亚运会、世界杯足球赛、全运会、城运会和少数民族运动会在我国境内的电视转播权统一由中央电视台负责谈判和购买,其他体育比赛的电视转播权,各电视台应本着公平、合理的原则购买和转让。该通知一方面使体育市场规范化,另一方面体育比赛电视转播权得到重视。由中央电视台宣传推广体育运动,可以强化国民的体育意识,激发国民参与体育的愿望和动机,培育和开发体育市场,从而加快我国体育产业化、社会化的进程。

(3)广告置换

广告置换是媒体之间经常采取的经营手法,这里的广告置换是指赛事组织者不直接收取电视机构的资金,而是以等价的广告时段来交换。广告内容可以是赛事宣传,也可能是赞助商的商家广告(技术、产品等)。一般来说,这种方式是在赛事市场运作不太成熟的情况下所采用的营销策略。目前我国足球甲 A 联赛电视转播权的销售采取的就是这种方式,即中央电视台以为足协提供广告时段的方式获得电视转播权。

(4)招标

和中央电视台每年都要举办广告招标大会一样,购买精彩体育比赛电视转播权已成为电视机构展现自我形象、证明自身实力、赚取高额利润的好机会。赛会组织者面对各洲、各国和地区多家电视机构的竞争局面,多采取招标的方式来出售电视转播权，尤其在美国，这一点显得非常突出。例如，1992 年奥运会电视转播权在美国是通过招标的形式出售的，在美国三大广播公司的竞争中，NBC（美国全国广播公司）以 401 亿美元中标。这种销售方式以市场经济发达、体育市场成熟为前提，否则，通过炒作以招标方式使体育比赛电视转播权销售取得成功，只能是暂时的，对体育市场健康持续地发展很可能产生消极影响。

（5）集中销售

在全球化理论的影响及集团化趋势的促使下，体育比赛电视转播权的销售也显示出集中销售的趋势。其优势在于可使赛事变得更精彩，从而提高赛会的社会影响力，同时可使赛事的组织者有足够的实力和能力与电视机构打交道，体育赛事电视转播权获得理想的销售价格。另外，通过这一方式，可缩小职业俱乐部的贫富差别。如欧洲和美国职业体育比赛电视转播权由职业联盟与电视机构洽谈，销售电视转播权，并将收入的大部分平均分给参赛俱乐部。各地方台电视转播销售收入归各俱乐部所有。

（6）中介运作

从追求经济利益的角度，体育比赛电视转播权的销售纯属商业运作，这是一项复杂的工程，就赛事组织者而言，实现理想的商业运作目标是极其困难的。因此，目前许多国际单项体育组织和国家体育协会委托中介机构销售电视转播权，使所有权和经营权相分离，由此而来，大大促进转播权的经营和销售。这种方式对赛事规模小、社会影响力小和极具市场潜力的体育项目电视转播权销售比较适合。

（7）一揽子计划

体育比赛电视转播权销售活动中，出现了一种新的趋势，即体育比赛电视转播权不是逐届销售，而是将几届同时出售。如 1995 年，美国全国广播公司同国际奥委会签署了电视转播协议，以 25 亿美元的价格购得 2004 年和 2008 年夏季奥运会、2006 冬季奥运会的电视转播权。1995 年年末，美国职业棒球联盟与全美网络电视局签订了 5 年的合同，协议金额为 160 亿美元，其中 FOX 电视局

57 亿美元，NBC48 亿美元，ESPN 电视局 44 亿美元，FOX 电报电视局 17 亿美元。1998 年，国际奥委会同阿拉伯国家电视联盟签署合同，以 185 亿买了 2000 年至 2008 年奥运会的电视转播权。这种销售方式可以保证体育比赛电视转播权销售的稳定性和延续性。

（二）体育赛事的门票经营与销售

1. 门票销售与分配

门票销售是比赛收入的重要来源，门票价格的确定、分销及销售方法应该经过相应的国际/国内赛事组织批准。组织协会要向国际/国内赛会组织提供票务方案，需包括以下内容：针对不同体育场和不同比赛阶段，提出票价的种类，提出的票价基于相应的市场调查；票务分配的详细销售策略；票务销售的时间安排；票务销售的安全事宜。

（1）门票销售

组织协会应与赛会组织合作对国内及国外的门票销售及分发作出相应的计划。未经赛会组织批准，组织协会不得确认任何门票预订。除赛会组织所属商业公司外，门票的销售条款应确保门票不被用于其他商业用途及倒卖。组织协会应确保门票销售的条款适用于任何赛事中的比赛门票的购买者。

（2）票价及分类

组织协会应在某一确切日期前根据比赛不同阶段及不同比赛场地的不同类别提出一份门票价格方案，此日期目前有待确认。门票价格及分类应上报赛会组织。

（3）门票设置

门票上至少应明确如下内容：

门票正面：参赛队名；号码、日期及比赛时间；类别及区域；座位号码及价格；赛会组织及本次比赛标志；吉祥物。

门票背面：体育场不同区域平面图介绍；安保措施；所属商业机构标志或商标。

门票背面应印有体育场不同区域的平面图，赛会以后增加其他重要信息。

根据赛会组织与组织协会签订的协议，赛会组织标志应被印在门票的反面。门票设计应经赛会组织和/开发公司代表赛会组织批准。

（4）特殊用途门票

A. 赛会组织代表团

组织协会应为赛会组织代表团预留最好的比赛门票（甲等票），费用由协会负担。根据比赛的不同阶段，组织协会应为赛会组织及各球队预留的每场门票的具体数量将在随后通知，并在规程中加以详细说明。

B. 所属商业机构及电视转播权持有者

根据赛会组织规定，组织协会应向赛会组织和其市场开发公司、赛会组织所属商业机构、获得授权进行电视转播的公司提供一定数量及类别的门票，其用途在赛会组织与组织协会签订的协议中已加以规定。

（5）贵宾包厢

每个体育场的贵宾包厢（至少可容纳 300 人）应拥有独立入口，并与其他看台隔离开来。贵宾包厢的一半座位（最少 150 个座位）应预留给赛会组织方，另一半由组织协会安排使用。赛会组织自行负责其贵宾包厢的礼宾工作。坐位应编号，观众出具相应门票方能入场。贵宾包厢右侧（从包厢内向球场内看）的座位应预留给赛会组织方。组织协会应负担贵宾包厢的门票及其他与贵宾包厢有关的费用。

2. 电子票务技术简介

为实现体育比赛、影剧院、演唱会等娱乐活动门票的电子化销售，一些电子商务公司竞相开发了电子票务系统。电子票务系统集网上发布售票信息、网上浏览、网上预订、网上支付、实时出票、本地打印、网下验票等功能为一体，在辅助旅游吸引物票务营销和管理、降低票务经营成本的同时为广大顾客提供了方便。

电子商务公司开发的电子票务系统是一个信息化的多渠道售票代理平台，一个典型的电子票务系统可实现以下功能。

(1)前台售票功能

销售门票和各种文化商品，票务范围可包括体育比赛、音乐会、展示会、休闲/体育活动、影剧院、景区点、公园等。

提供介绍内容和活动时间表。以多种方式(文字、图片、影像)提供各种活动内容、特色、地点信息，以及组织机构、赛事历史等各种有关背景信息。

以统一的数据库和网络支持互联网、电话订票中心、售票点、自动售票机、无线互联网等多种售票渠道，使顾客能够便利购票。

以 Web 为基础的实时预订及票据打印，在屏幕上显示座位图并支持按座位预订。电子票务系统提供实时在线售票和票据打印功能。客户登录到票务公司网站，选择合适的场次，实时订票，完成付款，票据就能够直接在家中或办公室里打印出来。电子票采用防复印、防重复打印技术和检票端的重复票据及伪造票据识别技术。另外，购票者的个人信息也可被嵌入票据中。

支持多种支付方式，如现金、信用卡、网上支付、电子现金、电子购物券等。

(2)后台管理功能

A. 系统运营商管理后台

a. 监控电子票务系统正常运行；

b. 票务供应商管理、交易管理、收支及结算管理；

c. 针对合作供应商的需求配置订票系统，如配置基于不同座位图的订票系统。

B. 票务供应商管理后台

a. 登记/确认演出节目，提交代理售票要求及相关细节；

b. 实时在线查询/统计系统，查询销售情况、查询出票情况、输出销售统计分析报告；

c. 供应商管理余票目录，调节可售票的数量和种类。

(3)促销及客户关系管理功能——宣传推广面向公众的电子票务网站

收集网站用户资料，通过客户管理系统对客户进行分类，主动用电子邮件提供活动预告等，提高顾客的兴趣及忠诚度。

【案例】国际足联女子足球世界杯门票销售管理策略

定价策略

1. 定价策略之一：多层次策略

这是面向市场的经营策略。因为消费是分层的，而且是多层的，因此门票的销售只有面向更多的消费者层，才有可能面向更多的消费者，才能引起更多消费者的关注。因此，我们将门票划分为VIP，A，B，C，D五个层次。

2. 定价策略之二：需求心理定价策略

定价的依据不是比赛的成本，而是观众的购买心理、观众的需求。不同档次的消费者需求水平是不同的，因此定价也要满足不同需求的消费者，制订出等级差来。

定价可从收入取向和人数取向两方面着手。较高的定价通常可以保证一定的门票收入基数，而较低的定价通常可以保证一定的观众人数基数。由于女足市场不景气，我们不能将收入的期望寄托在门票收入上。这就要求我们通过比赛吸引更多的观众，吸引更多的终端消费者，通过为其提供相关服务谋取利益。

3. 定价策略之三：人数取向定价策略

以1000人为调查基数，探测观众心目中理想的2003女足世界杯平均票价。票价既表示出比赛的重要程度，来满足观众观赏最高水平比赛的需求，同时也要考虑观众的经济承受能力。

4. 定价策略之四：美元定价策略

(1) 美元定价的内容

第一，票面以美元为定价尺度。

第二，国内观众可直接以人民币购票，票价按2003年5月24日人民币对美元的汇率换算。

第三，欧元等国际通用货币也可直接购票，票价按2003年5月24日人民币对美元的汇率换算。

(2) 美元定价的益处

第一，标榜国际赛事。

第二,人民币购票以2003年5月24日汇率换算,如10美元相当于人民币82元6角,实际上等于零数定价策略,以比较精细的计算向公众昭示定价的合理性,推动社会对门票价格的认知。

5. 定价策略之五:统一定价策略

表4-2-2 国际足联女子足球世界杯门票价格

场次	美元	人民币	美元	人民币	美元	人民币	美元	人民币	美元	人民币	美元	人民币
开幕式	300	2481	200	1654	45	327.15	35	289.45	25	206.75	15	124.05
闭幕式	300	2481	200	1654	60	496.20	50	413.50	40	330.80	30	248.10
单场小组赛	150	1240.5	100	827	20	165.40	15	124.05	10	82.7	5	41.35
双场小组赛	300	2481	200	1654	40	330.80	30	248.10	20	165.40	10	82.7
1/4赛	150	1240.5	100	827	40	330.80	30	248.10	20	165.40	10	82.7
1/2赛	150	1240.5	100	827	45	372.15	35	289.45	25	206.75	15	124.05

各分赛的门票价格统一。中国各城市间的地区经济差和对国际地区微乎其微,不必从门票价格上标示出来。另外统一定价也有利于建立一个统一的对外形象。见表4-2-2所列。

6. 定价策略之六:门票价格(单位:美元)

美元与人民币的比率按1:8.27计算。

(三)体育赛事的标志与特许商品经营

标志使用许可制度规定了许可人(权利所有者)如何将商标、名称及已申请版权的产品外观设计/服务标志等授予人(希望生产和销售特许商品的企业)。赛事标志使用权管理的三大要点可以归纳为赢利、促销和保护。

标志使用权许可是赛事组织方的营利途径之一，当然带来利润的多少还取决于赛事的知名度、独特性，以及组织方如何销售这一权利。2002 年盐湖城奥运会组委会在三种吉祥物设计后的两个小时内，其使用许可权销售收入已达 75000 美元。1996 年亚特兰大奥运会、2000 年悉尼奥运会的标志使用权销售都在 5000 万美元左右。

为保护标志权益，赛事组织方应对赛事名称、标志、标语及相关图片进行商标注册或版权登记（Copyrighted and Trademarked）。体育场馆的名称和图片也需要注册。版权登记可到国会图书馆办理，申请商标注册则可到各个国家专利及商标局办理。有的赛事为了增加特许商品销售收入，每年都重新评选并改变 Logo 设计方案。当然，更换标志也需要组织方在设计/征集、重新登记/注册等方面多花费用。

赛事特许商品的范围很广，既包括 T 恤、帽子、钥匙链、水杯等传统纪念品，也包括家具、珠宝首饰、亚麻布织品等更独特的产品。人类学家瓦伦·索瑟姆认为，T 恤之所以能成为最流行的赛事纪念品，不仅是因为它实用，而且是因为它能让穿着者感到与赛事、赛事主题、赛事宣扬的价值理念紧密相关，或给人以对团队的归属感和认同感。

明信片、胸针这类造价低廉的特许商品，如果设计精良，被人们认为有收藏价值的话，也能卖出较高的价格。一些年度赛事的组织方通常会制作由赛事举办地艺术家设计的、限量发行的明信片。明信片被装入镜框出售，不仅是很好的装饰品，且能成为有价值的收藏品。

1. 标志使用权许可程序

赛事组织方需要考虑如何开展标志使用权许可工作：是由组织方将标志使用权卖给或无偿赠与赞助商，还是委托外部机构协调此事。标志使用权许可工作的内容大体包括：

第一，编制标志使用权申请表、设计手册及市场销售计划。

第二，发放、回收标志使用权申请表。

第三，对申请人进行评议、选择。

第四，向受许人收取保证金，或让其提供银行担保。

第五，编制并公布特许商品、促销计划的审定、批准程序。

第六，审查所有特许商品样品及促销计划，确保质量合格，没有不当之处。

第七，批准标志使用权/特许商品经营权，收取费用。

第八，采取措施方式特许商品伪造。

受许人的数量多少，是由具有排他权的特许经营项目类别决定的，也因赛事组织方的想法和市场规模的大小而不同。组织方应对申请标志使用权/特许经营权的企业进行详细审查，了解其产品设计、经营零售企业的经验和信誉、财务状况和分销渠道等。

让有经验的人员来主持标志使用权许可工作是非常必要的。如果组织方的力量有限，也可将这项工作外包给有经验的专业公司。同时要积极听取受许人的意见，因为他们是赛事特许商品长期的、直接的销售者。例如，美泰公司曾说服盐湖城奥运会组委会将吉祥物方案由原定的驼鹿（产于北美的一种大鹿）改为熊，因为根据玩具生产厂商的经验，曲线柔和的吉祥物熊比带有尖角的驼鹿更受顾客影迎。

2. 销售点选址、店面设计及运营

要做好赛场周围的销售点选址。销售摊位、售货亭最好设置在观众途经的主路两旁，无论是固定销售区还是临时销售点，都要根据观众人流的规律来选址。购买者有从众心理，因此最好设置展示台，吸引人们流连观看，这样更多的顾客就会不断涌来。销售摊位需要不断补充商品，因此在销售区附近要有存货仓库，要配置货物运送车辆等。

销售摊位或销售区应在高处悬挂牌幅以招徕顾客。研究表明，发光的牌幅和三维展示更能吸引顾客。色彩也是一种招徕要素，红色和白色易吸引近距离顾客，而黑色和黄色在远处更加引人注目。场馆内也可在从观众区到休息厅和出口的通道旁设售货摊。

许多体育场馆允许在观众座位上的书报袋内放置赛事特许商品介绍册。观众看到介绍册后，可将要买什么商品告诉在观众席间来回穿梭的销售人员，

由他们直接将商品送到顾客座位上,节省了观众排队购物的时间。

运动会开幕时和临近闭幕时是特许商品销售的高峰期。要注意安排足够的商品补给。

举办大型赛事、运动会时,组织方经常委托专业物流公司负责特许商品的运输、仓储、分送和保管工作。也可找一个单独的受许经营商负责所有售货区及摊位的搭建、人员配置和存货管理。通常,赛事组织方除向特许经营商收取特许经营权费外,还要收取销售摊位费。一些特许经营商抱怨这使他们的经营成本过高。为了平衡收支,经营商只能提高特许商品的价格。例如,在普通玩具店只卖 12.99 美元的奥运芭比娃娃,在体育场内的售价却高达 35 美元。

3. 特许商品位销及销售保证

特许经营商在向组织方做出销售保证之前,会要求了解组织方对赛事及赛事特许商品进行哪些推广工作。1996 年亚特兰大奥运会组委会在一开始,曾向经营商承诺了多项在全球范围内推广吉祥物“Lzzy”的措施,包括播放电视卡通秀等,但这些措施却无一兑现。实际上,在运动会前、会中和会后,人们都不容易见到吉祥物“Lzzy”的身影。由于组织方对吉祥物宣传不力,特许经营商售出的吉祥物商品数量比预期要少得多,于是经营商们要求与组织方重新谈判,降低销售保证额。

赛事组织方应尽量选择当地公司销售特许商品,并在商店橱窗内展示这些商品。可请赞助商协助特许商品的宣传推广。美国奥委会赞助商 JCPenney 公司曾在它的每家商店内为奥运商品设了专门的展示柜台。

对于特许经营者来说,要注意防范运动员与组织方不和而导致的赛事延期,以及公众或同业抵制行为对特许商品销售造成的风险。特许经营合同应包含有关如何处理这类情况的条款。NBA(美国男子职业篮球联赛)赛事史上曾出现过赛事延期现象,给特许经营商们带来不小的损失。

特许经营商在商品营销中考虑的另一个问题是给商品打上哪种标志将卖得更好。例如,如果在美国出售奥运会商品,公众是更欢迎打上赛会标志(如盐湖城奥运会 Logo)的商品,还是更欢迎打上国家队标志(如奥运会美国代表队)的商品?当然,更好的做法是兼用两种标志——如在包装盒上打上运动会标志,在商品本体上打上代表队标志。

美国乔治·华盛顿大学教授道格拉斯·弗雷希特林建议,在赛事特许商品正式投放市场前,应进行试验性销售以了解公众对商品的欢迎程度。同时,还要确定适当的价格,使用恰当的销售技巧,并在经营中摸索未来产品的改进方案。

4. 培训销售人员

事先培训特许商品销售人员是必要的。一种有效的培训方法是情景训练,即让学员模拟在实际销售中如何接待顾客、介绍商品、说服购买、递送货物,以及员工间应怎样相互配合,然后组织学员讨论,并由培训教师提出指导意见。有时,细微的销售技巧也可能大大提高销售量。

5. 在小型赛事上销售特许商品

在许多赛事上,除了参与赛事的运动员及其亲友以外,并不会有太多的人购买特许商品。对于这样的赛事,组织方可自行经营商品,或将特许商品经营权给予赞助商(通常是耐克、阿迪达斯这样的体育用品生产商)。组织方自己经营商品有望挣取更多的利润,而将特许经营权出售能得到稳定的收入,并能减轻组织方的工作负担。

如果由组织方自己经营特许商品,则需要承担标识设计、商品选型、质量控制、数量计划、商品定制和摊位搭建等多项工作。这时,很可能需要发动志愿者的力量。

有时,组织方还在赛事进行同时举办体育用品展览会或健康博览会,将展览会展位出租是组织方的另一项创收途径。在美国,每个展览会展位根据展期长短、展览会招徕人数的不同,出租价格在 100 ~ 5000 美元不等。一些大型群众公路长跑活动附设的展览会常能吸引从保健用品公司到银行到保险公司等类型众多的参展企业,这些企业的共性是都将参赛者和观众视为重要的目标顾客。

【案例】第六届全国城市运动会(简称六城会)资源开发的市场细分与市场定位

与历届综合性体育赛事相比,第六届全国城市运动会所面临的社会环境和时代特征已经发生了深刻变化。随着市场经济体制的日臻完善和人们对体育产业认识的加深,如何充分开发和利用六城会的无形资产,调动社会各方力量,吸引企业赞助城市运动会,需要对资源开发所面对的市场进行准确地细分,在此基础上确定出目标市场。这样才能有的放矢地开展各项工作,准确地确定资源开发的目标,推进资源开发各项工作的进行。

1. 全面分析评估六城会资源开发所处的环境、存在的机遇与挑战

(1)六城会面临的机遇

这是2008年北京奥运会前全国最后一次大型综合性运动会,本届城运会不仅是对我国体育队伍的一次大练兵、大检阅,同时也是为备战2008年北京奥运会的适龄选手提供展示和锻炼的舞台。许多被人们所熟知的体育巨星,都是通对城运赛场这个平台,一步步迈向奥运冠军领奖台的。

这是武汉市乃至湖北省有史以来承办的规模最大、规格最高、影响最大的一次体育盛会,由此决定了各级政府部门将给予高度的关注和大力的支持,举全市之力办好六城会。区别于以往各届城运会由省政府承办的惯例,这是第一次由省会城市独立承办的城运会。这就决定了本届城运会在政府支持的力度上、在赛事的筹备组织上将拥有了更多自主选择权。

武汉是我国唯一一个连续培养出六届奥运会冠军的城市,是名副其实的冠军摇篮,以办好六城会为契机,培养一批能在国际大赛上斩获桂冠的武汉籍选手也是我们的目标之一,这必将吸引更多本土企业参与,挖掘青少年体育中的潜在财富。

借助中部崛起战略机遇和武汉城市圈的发展战略,武汉正成为我国中部地区发展的一个战略支点,成为我国经济快速增加的地区之一,吸引着越来越多的企业进入武汉。届时,武汉市将借六城会之良机,依托独特的区位优势,辐射和带动周边地区实现跨越式发展,将六城会的综合效益发挥至最佳。

(2)六城会面临的挑战

与奥运会和全运会相比,城运会的品牌价值不高,受到的关注度有限,市场认知度有限,能给赞助企业的回报有限,赞助效益的可持续性低,由于举办地不断变化及知识产权的不断变更,缺乏持续增值的功能,价值得不到应有体现。这种相对短期的赞助行为,不利于城运会市场开发的长王元发展。而且目前城运会的推介主要在举办地,还没有形成报纸、电视、广播、网络等立体推介的态势,品牌认知度较低。

六城会的举办距离2008年北京奥运会仅有不到一年的时间,当前国内外热捧“奥运经济”,北京奥运会能给予企业的赞助回报更为优厚,赞助行为的延伸效益更广,企业更愿意投资参与奥运会。

2007年是武汉的节事活动年,“四成同创”活动、第三届世界植物园大会、华创会、女足世界杯、六城会、八艺节等陆续在武汉召开,招商引资和宣传推广活动层出不穷,在一定程度上也对六城会的市场开发造成冲击。

六城会首次由省会城市独立承办。现对于以往历届城运会举全省之力举办,六城会的筹备、组织工作主要依靠武汉市委、市政府开展,影响力和辐射力有所减弱,所能提供给企业的回报也有一定程度的削减。由于城运会品牌价值多体现在举办地,因此,城市独立承办在一定程度上也对市场开发造成影响。

因此,在对六城会进行资源开发时,对六城会赞助市场应有一个准确的定位,那就是立足于武汉乃至湖北市场,深入挖掘武汉体育产业资源优势,同时注意突显城市体育盛会的独特意义与资源平台,全方位开展营销活动。

2.准确把握近年来我国综合性赛事企业赞助动态

通过对九运会、十运会和五城会主要赞助企业进行调研分析,我们认为,我国大型综合性运动会市场开发过程中,企业的赞助意向、赞助行为受到行业、规模、所有制形式、地域特色等因素的影响。

(1)赞助企业的行为特征分析

赞助企业的行业特征是指企业所处的行业、市场状况和产品特性等。企业的市场行为必然会受到行业特征的影响和制约。

表4－2－3　三届运动会赞助企业行业分布

行业类别	九运会	十运会	五城会	总计
电力生产	0	0	1	1
电子信息产品	2	0	1	3
房地产	1	0	1	2
服装、鞋帽制造业	2	3	2	7
化学原料及化学制品制造业	1	2	1	4
工艺品	0	4	0	4
家用电器	2	1	0	3
建筑及工程机械制造	0	0	4	4
交通运输设备制造	3	4	4	11
金融业	2	1	5	8
饮料制造业	4	5	1	10
信息传输、计算机服务和软件业	5	5	4	14
石油化工	0	1	1	2
体育用品	3	3	3	9
文化、体育和娱乐	0	1	4	5
烟草制造业	0	1	2	3
冶金业	0	0	6	6
造纸及印刷业	0	1	1	2
仪器仪表及文化办公用机械制造	4	1	0	5
住宿餐饮业	0	1	1	2
租赁和商业服务	0	1	2	3
总计	29	35	44	108

见表4－2－3所列，我国大型综合性运动会赞助企业在行业上分布比较广泛，涵盖了21个不同行业，而从行业的集中度来看，在信息传输、计算机服务和软件业、交通运输设备制造业、饮料制造业、体育用品业、金融业和服装、鞋帽制

造业几个行业相对集中，占到了总数的54.7%。

(2)赞助企业的规模分析

按照从业人员数、销售额和资产总额三项指标，企业的规模被划分为大型、中型和小型三种类型。企业的规模是企业经济实力的一种显现，企业规模的大小决定了企业在体育赞助中可能的投入有多少，企业在决定进行体育赛事赞助时，难免会考虑自身的赞助需求、经济实力跟体育赛事的匹配度，匹配度越高，企业赞助的积极性就会越高。在三届运动会赞助企业统计中，大型企业占77%，中型企业占16%，小型企业仅占7%。

(3)赞助企业的所有制形式分析

我国现阶段的企业按所有制形态不同，分为国有企业、集体企业、私营企业、三资企业。通过对三届运动会赞助企业所有制形式的分析，我们认为，赞助我国大型综合性运动会的企业以国有及国有控股企业为主，其雄厚的经济实力、强烈的社会责任感以及政府行政干预的程度决定了国有企业在我国大型综合性运动会市场开发中成为赛会营销的重点对象。见表4-2-4所列。

表4-2-4　三届运动会赞助企业所有制形式分布

届别	九运会	十运会	五城会	合计	所占比例(%)
国有企业	7	12	24	43	44.3
集体企业	1	0	0	1	1.0
私营企业	5	8	3	16	16.5
三资企业	12	19	6	27	38.2

(4)赞助企业的地域特色分析

按照赞助企业注册地是否为运动会举办地，我们将赞助企业分为本土企业(注册地为举办地)和外地企业(注册地为非举办地)两大类。我们可以看到，本土企业在数量上成为大型综合性运动会赞助企业的绝对主力军。见表4-2-5所列。

表 4－2－5　三届运动会赞助企业地域分布

届别	九运会	十运会	五城会	总计
本土企业	16(55.2%)	20(57.1%)	37(84.1%)	73(67.6%)
外地企业	13(44.8%)	15(42.9%)	7(15.9)	35(32.4%)

由此，我们认为，在我国大型综合性运动会市场开发过程中，资源开发的重点应以本地企业为主，尤其是大型国有企业为主，应根据企业自身的特点寻找与赛事的结合点，从而成功达成赞助意向。

3. 六城会市场细分与目标市场确定过程

通过对三届运动会赞助企业的特征分析，结合六城会自身的特点、武汉市体产、通信、交通等企业。从企业性质来看，集中以国有或国有控股企业为主。

从企业赞助的行为动机进行细分。市场需求动机，如提高产品知名度、提高企业形象、促进产品销售；企业赞助城运会的动机可以概括为：提高企业知名度、促进按企业规模进行细分。社会参与动机，带有一定的社会责任意识，同时兼顾一定的市场需求，考虑到竞争对手所采取的策略，为了维护在武汉地区市场的形象，参与六城会的赞助。

根据以上三个细分标准，我们将目标市场（合作伙伴和赞助商）主要确定在武汉本地国有或国有控股企业；以社会赞助为主，兼顾市场需求，体现赞助企业的社会责任感；重点考虑烟草、钢铁、汽车、通信、地产、金融与保险、食品等待业。

【案例】解剖可口可乐攻势 读奥运赞助攻略

可口可乐今年又刷新纪录，第 5 次蝉联世界品牌百强榜首。一个以软饮料单一品种为主打产品的百年老店，为什么会具有如此强劲的生命力而永葆青春呢，这是全球都在探求的一个谜。无论谜底是什么，成功的奥运赞助无疑是最重要的谜底之一。

一提起可口可乐的奥运赞助，人们不禁会想起这一惊人成果：1996 年在实施亚特兰大奥运会赞助计划的 8 个月中，可口可乐全球销售量增长了 9%。

股票价格攀升了32%。当年第三季度的赢利同比增加了21%,达9.67亿美元。而他的主要竞争对手××可乐的同期利润却下降了77%。以至法国《费加罗报》在报道此事时,情不自禁地用了《可口可乐笑,可口可乐哭》这样的语言。

可口可乐的奥运赞助也得到国际奥委会主席罗格的高度评价。他不久前在可口可乐TOP赞助续约仪式上由衷地赞道:“可口可乐是奥运会持续时间最长的赞助商,对奥林匹克运动的贡献为世界树立了一个精诚合作的典范。如果没有像可口可乐这样全面的企业赞助,奥运会就不会像今天这样成功,世界各地许多的运动员就会失去参加奥运会的机会。”

纵观可口可乐奥运赞助的胜利,首先是谋略的胜利。探讨一下可口可乐的奥运赞助谋略,对有志于奥运赞助而暂时又不得其门而入的中国企业家来讲,恐怕不无裨益。

1. 珠联璧合,相得益彰

可口可乐奥运赞助的巨大成就首先要归功于正确的定位。

第一,强强联合,相得益彰。奥运会是形象最好、层次和水平最高、影响最大、参赛国家和受众人数最多、最具全球轰动效应的世界体育盛会。其影响所及几乎涵盖世界各国每一个角落,上自王公贵族,下至贩夫走卒,男女老少,三教九流,无所不包。把握住了奥运会,就把握住全人类的眼球。作为历史悠久、实力雄厚、享誉全球的特大型跨国公司,可口可乐和奥运会长期结盟,这无疑是一个珠联璧合,相得益彰的重大抉择。奥运会久旱逢霖,借可口可乐的鼎力支持而活力倍增;可口可乐则攀龙附凤,借奥运会的东风而君临天下,威震全球。

第二,两者目标对象之间的吻合度非常大。可口可乐是一种大众软饮料,深受大众特别是青少年的青睐。而奥运会的主要爱好者也正是这部分人群,两者的吻合度非常大。通过赞助,可口可乐可以最大限度地接触到遍布全球的有效目标受众,大力提高知名度。

第三,可口可乐的形象追求和奥运会的形象特征之间存在着极大的对应关系。通过赞助,可以成功地把奥运会的世界性、和平、友谊、拼搏、公平竞争、活力、欢乐、多元文化以及永恒性等形象特征转移到可口可乐的形象上来,十分有利于可口可乐的形象和品牌建设。

第四,可口可乐的市场和奥运会的活动舞台几乎同等大小,而且都贴近人民,贴近生活,非常适合协同开展一系列群众广泛参与的传播和沟通活动。通过富有创意的各种赞助活动,可以事半功倍,在奥运会、公众和可口可乐之间建立一种直接的有机联系,促进这三者之间的沟通和融。

2. 精诚合作,实现双赢

以公益性活动打头阵,寓商业利益于公益性活动之中,这是可口可乐提高奥运赞助品位和效益的重大法宝。只有最后一件事才是商业行为和目的。而且,即使是这件事.可口可乐也泾渭分明地分别采取公益性和商业性两种手段:对直接参加奥运会的运动员、工作人员以及记者全部免费供应可口可乐饮料;但是,对赛场的观众则充分行使排他性的专卖特权,宰你没商量。售价要比一般市场价成倍攀升。

举凡和弘扬奥林匹克精神有关的公益性活动.可口可乐大都一马当先。比方多年来一直是奥运圣火传递活动的最大赞助者,是包括中国在内的许多国家一年一度的奥林匹克长跑日活动的积极支持者。事实表明,奥运会的崇高形象和地位,决定着凡是这类活动都具有天然的亲和力和号召力.是绝好的沟通平台,不但不会引起人们通常对待广告的那种厌烦、逆反心理,反而还能广泛吸引人们的关心和直接参与。其结果就无外乎可口可乐的奥运赞助为什么往往都是鱼与熊掌两者得兼了。

3. 持之以恒,精彩不断

奥运赞助的效应以心理为主,其过程大体为:赞助——扩大影响——提高知名变与美誉度——增强人们的亲和力与忠诚度——促进销售和企业的发展。而欲达此目的,必须有一个渐进的过程,也就是说要有长期打算,不可能一蹴而就。深谙此道的可口可乐总是持之以恒,并且以4年为一个周期,坚持连续性和节奏性相结合的原则,每隔一段时间就开展一次大小不等、别出心裁的赞助活动,每次活动都有引人入胜的惊人之举,从而做到连绵不断的高潮迭起,波浪式前进,螺旋式上升,适时形成气候,经常使人感到可口可乐无处不在。

可口可乐从1928年第九届奥运会开始就从未间断过对奥运会的赞助,从1985年第一期TOP计划开始,就一直是TOP计划雷打不动的忠实成员。为了高枕无忧地独霸TOP宝座,可口可乐更是别开生面,于今年8月急不可耐地找国际奥委会续约,一口气将TOP赞助的期限延长到2020年。在中国,从1987年国际奥委会决定每年的6月23日为国际奥林匹克长跑日开始,就一直赞助中国奥委会,在北京、青岛等地联合举办一年一度的奥林匹克长跑活动,迄今从未间断过。在高潮迭起方面,我们从其在1996年亚特兰大奥运会前后的表现可见端倪。

在世界范围内开展奥运幸运抽奖活动。奖品直至免费前往亚特兰大观赏奥运会。

——和奥组委联合举办盛况空前的国际奥运火炬传递活动。来自100多个国家和地区的数百名代表参加了这一活动。

——举办以可口可乐瓶为载体的世界民俗艺术展。公开征集最能代表各国文化和民间特色的佳作参展。

——制作了70部各具特色的奥运广告片,在电视节目、超市以及奥林匹克公园里不断轮番播放,使人们强烈地感到可口可乐无处不在。

——开办奥林匹克公园。这里到处都可见到可口可乐的销售点和广告,人们可以观看比赛的现场直播,欣赏到丰富多采的文体表演.甚至还能和奥运冠军进行真假难辨的模拟较量,购买琳琅满目的奥运纪念品,交换令人眼花缭乱的奥运纪念章。在奥运会期间前来观光的人数多达100万人次。

——在全美1500个零售、批发点分发了3000多万本奥运手册,在48页的手册里附带一张表格,凭此可以无偿索取纪念品甚至比赛门。

4.整合沟通,如虎添翼

从上述可口可乐在1996年亚特兰大奥运会前后所举办的丰富多彩的沟通活动中不难看出,可口可乐借助TOP赞助这个平台,创造性地增加内涵,扩大外延，以赞助为契机和龙头，综合运用了广告、公关和促销等各种沟通手段，使之有机结合，优势互补，相辅相成，形成合力，不但使得整个奥运赞助活动连绵不断，高潮迭起，引人入胜，而且还能形成气候，产生持久而轰动的整合沟通效应。由于TOP享有全球排他权，整个软饮料行业只有可口可乐一家能够享此殊荣和特权，而独霸全球，不可一世，大唱独角戏，因而更加显眼，弥足珍贵。其沟通力度之大，效果之好也就不在话下了。

5. 标新立异，不同凡响

奥运赞助活动不能生拉硬拽地强迫受众来关注你。唯一办法就是标新立异.靠你的魅力去吸引人。因此，可口可乐从1928年起，每届奥运会都花样翻新，不断给人们带来惊喜。这里随便择取几例：在1980年普莱西德冬奥会上，推出世界上第一个花样滑冰机器人——卡罗特，轰动整个冬奥会。在1984年洛杉矶奥运会上，推出一种数量不多的、饰有吉祥物"山姆鹰"和一瓶可口可乐的奥林匹克纪念章。目前，该纪念章的价值已高达1500美元。在1988年卡尔加里冬奥会上，演出可口可乐国际大合唱，该合唱团由从23个国家和地区的成千上万名青年歌手中挑选出来的45名佼佼者组成，在开、闭幕式上引吭高歌献给本届奥运会的主题歌《你是否能感觉到》。在2000年悉尼奥运会期间，设立"可口可乐奥运青年营"及"可口可乐奥运广播站"，300多名各国青年相聚在悉尼进行丰富多彩的文化交流活动，并通过可口可乐广播站向故乡的江东父老报道他们在悉尼的所见所闻和感受。

为了提高2002年盐湖冬奥会火炬接力的趣味性和吸引力，可口可乐采取了许多别出心裁的措施：在"冬"字上大做文章，使火炬接力的方式除跑步外，还新增了滑雪、雪地摩托和滑冰等应景的特殊方式。

6. 互动互利，趣味盎然

众所周知，重在参与，让更多的人了解、关心、支持和参与国际奥林匹克运动，这是国际奥委会的一贯宗旨。为了满足外地特别是举办国以外的老百姓身临其境直接参与奥运会这一发自内心深处的强烈愿望，老到的可口可乐长期以来一贯坚持采取非商业手段友好地邀请部分具有代表性的外地以及外国群众到奥运会举办地直接参与他们的奥运赞助活动。其中,邀请外国代表的做法意义更大:一方面可为进一步普及奥林匹克思想、扩大奥运会影响、增强奥运会节日气氛、促进各国人民之间的团结、友谊和相互了解创造条件,另一方面通过他们的参与,可增强赞助活动的国际互动性,壮大其声势,扩大可口可乐和所在国老百姓的沟通,密切彼此之间的关系,增强他们的认同和好感。以奥运圣火传递活动为例,过去都是奥运会举办国的孤立行为,影响难以走出国门。从1992年巴塞罗那奥运会开始,作为主要赞助商,可口可乐创造性地将这一活动国际化。2002年盐湖冬奥会火炬接力活动从2001年12月4日开始,到2002年2月8日止,历时65天,途经美国46个州,约有11500名火炬手参加,每名选手还将由一名"奥运圣火护卫者"陪伴,沿途更将有成千上万的居民和行人驻足观赏和热烈加油。此外,为了进一步扩大影响面,可口可乐在代表人选的范围和选拔方式方面也煞费苦心地做了一些新的尝试。首先,扩大人选的广泛性和代表性。为此,仅来自中国的代表除了羽毛球女将龚智超和游泳高手谢旭峰等著名运动员外,就还有教练员。记者、电视节目主持人、工人、大学生、中学生,济南交警、冬运会礼仪小姐以及可口可乐中国员工等各方面的代表,以引起各方面群众的注意和好感。其次,为了让更多的人通过参与选拔而了解可口可乐的良苦用心,进一步扩大其影响,可口可乐还发动广大群众参与选拔。例如,龚智超和谢旭峰就是经过十多万网民和专业评委从35名候选的九运健儿中挑选出来的。选拔过程本身不就是一个绝好的沟通过程吗? 闻风而动,出奇制胜。

奥运赞助商机无限。关键是看你能不能独具慧眼,见缝插针,闻风而动,出奇制胜。尤为重要的是兵贵神速。因为第一时间的惊人之举最有爆发力和冲击力,因而更加出彩。

2003年8月3日晚北京奥组委在天坛举行盛大集会,向世界隆重推出北京奥运会"中国印"会徽。第二天一早,限量100万只的印有该会徽的可口可乐纪念罐装产品就以迅雷不及掩耳之势在北京、上海和青岛3地的超市上架。顷刻之间可口可乐纪念罐成了广大市民热情追捧的最新收藏品。随后的几天里,可口可乐在这几个城市的销量是平时的5倍。横空出世、熠熠生辉的"中国印"随着畅销的可口可乐进入寻常百姓家。可口可乐也因之而更加抢手。奥运赞助的巨大效益在这里得到了最好的诠释。

这是可口可乐继2001年7月13日随着北京申奥成功立即推出“为奥运牵手,为中国喝彩”的珍藏版纪念金罐之后的又一杰作。再次把自身品牌和奥运品牌紧紧地糅合在一起,紧扣人们渴望拥有的心情,出其不意地在第一时间推出新奇独特、极富纪念意义的产品,给人们一个惊喜,满足人们精神和物质的双重需求。既宣传了北京奥运会,又为可口可乐锦上添花,这是奥运会合作伙伴身份和形象最具张力、最自然。最难能可贵、因而也最受欢迎的体现。

但是,你可知道,在这辉煌业绩的背后,还隐藏着一个一波三折的故事呢。

原来早在2003年3月,可口可乐方面在一次和奥组委市场开发部常规会晤中就获悉北京奥运会会徽不久即将出台的事,而且开发部还流露出借助社会力量,尽快扩大影响,提高其知名度的愿望。可口可乐一听,正中下怀,马上把话茬接过来。于是双方达成了合作推出新会徽纪念罐的初步意向。但是随后经过多次接触和协商,始终横亘着一个难以解决的保密问题。因为会徽是关乎奥运会市场开发的一件大事,既要留给人们一个悬念,给人们一个惊喜,又要防止不法商家侵权盗用。试想一下,你这里会徽还没有公布,他那里假冒伪劣商品就充斥市场,那将是一个多么尴尬的局面。因此,奥组委把保密问题视为头等大事,坚持不到最后关头,绝对不能走漏一点风声。可口可乐苦口婆心、锲而不舍地一再争取,并且拿出一整套保密方案,最后终于说服了奥组委。

7. 寸土必争,寸步不让

全球行业排他特权因独享而弥足珍贵。因此,可口可乐一直高度重视这一特权,不但全力维护,而且使之发挥到极致。例如,虽然健力宝早从1984年起就是中国奥运代表团忠贞不贰的主要赞助商,但是,由于犯了可口可乐所独享的软饮料全球排他权的忌,因而可口可乐毫不含糊地通过国际奥委会向中国奥委会提出抗议,迫使中国奥委会“挥泪斩马谡”,从2000年悉尼奥运会起中止健力宝的赞助权。在悉尼奥运会期间，为了充分行使其软饮料奥运场所专卖权，可口可乐甚至在奥林匹克主题公园入口处严查随身携带的饮料，一旦发现其他品牌，那么，将被迫面临两种选择：要么放弃随身携带的饮料，要么请勿入内。

第三节　体育赛事的效益与评估

一、体育赛事效益含义

效益是指“效果和利益”，一般分为社会效益和经济效益。体育赛事的社会效益一般是指体育赛事给社会带来的好处和利益，主要表现在体育赛事对丰富社会文化生活，建设精神文明等方面的作用。体育赛事的经济效益是指开展体育经纪活动所带来的经济利益，主要表现为对社会经济生活的作用和体育赛事经营者的经济收益。衡量效益的大小主要是看投入与产出之比。

二、体育赛事效益评估的意义

（一）体育赛事经济效益评价的意义

体育赛事经济效益评价的目的主要是从业务投资者或企业的角度考察项目的盈利能力，为企业或投资者的项目决策提供信息支持，同时也要兼顾体育赛事相关利益主体各方的利益要求。

体育赛事经济效益评价的作用主要是三个方面：

第一，反映业务本身的盈利能力和偿债能力，判明企业投资所获得的收益和投资人投入资金的安全性，为投资者（所有者和债权人）的投资决策提供信息支持。

第二，为体育赛事的成本管理提供信息和数据，包括业务所需投资规模、用款的计划安排与筹款方案等，这些都是经济效益评价的重要内容。

第三，分析和确定体育赛事投资的风险及其应对措施，任何体育赛事都会有一定的财务风险，包括风险成本和风险收益，这些同样要通过经济效益评价来分析确定。

（二）体育赛事社会效益评估的意义

社会效益评价是一种为克服决策中的急功近利思想和单纯从个体利益或企业利益出发进行决策等问题的好方法，因为这种评价要求人们考虑体育赛事对于整个社会的长期影响。体育赛事社会评价的意义在于：

第一，由于社会影响评价要求人们从国家和全局长远利益的观点出发考虑问题，要求注重体育赛事对于整个社会发展目标的贡献，所以这种评价工作的开展会有利于减少体育赛事投资中的短期行为和盲目建设等问题。

第二，对体育赛事进行社会效益评价，有利于资源的合理利用和社会环境保护，社会效益评价中包括对体育赛事相关文化、安全、就业、环保等方面内容的评价，通过对这些方面的评价可以更好地规范人们的投资行为。

三、体育赛事效益评估的内容

赛事评估是赛事组织和经营机构重要的业务工作，赛事评估的内容是经济效益指标和社会效益指标。经济效益评估包括直接收入预测、间接增值收益、经济推动效益和潜在效益。社会效益评估包括赛事的社会影响力和感召力、赛事对城市发展的直接和间接推动、受众对赛事的认识和熟悉程度、受众对赛事的品牌和价值评价、受众对赛事报道主流媒体的关注度、主流媒体报道赛事的效果评价和主流媒体在行业中的影响力评价等。

随着评估理论和模式的发展，“评定价值、创造价值”的理念被提出，李南筑，姚芹在《体育赛事评估：评定价值、创造价值》中指出，由于赛事是复杂的社会系统，评估又属于认识论中相对复杂的一类认识活动，在双重复杂性条件下给评估的创新预留了巨大的空间。该理念的提出，有利于评估模式的选择和改进，有利于评估理论和方法的创新，也有利于评估中各价值主体的共赢，从而推动体育赛事评估发展。①

（一）体育赛事前评估

体育赛事前评估过程是对申办赛事报告（或可行性研究报告）的再审查、再研究，特别是在体育赛事的场地器材和经济等方面较申办赛事报告进行了更深入的研究。在赛事前评估时应针对申办赛事报告客观且公正地阐明评估的见解，并提出建设性意见和建议。我国钟秉枢教授等研究开发的，《体育赛事品牌传播价值与商业开发价值评估系统》属于体育赛事赛前评估的一个方面，主要对不同级别、不同性质的体育赛事的品牌传播价值与招商价值进行量化评估，主要应用于体育赛事的组织与招商工作及体育赞助商的赞助运作之中。赛事前评估包括以下内容：

1. 体育赛事的目的

体育赛事的目的和意义是举办赛事的前提条件。判断举办赛事是否必要，应着重从以下几方面进行分析论证：

从体育赛事的市场前景看，体育赛事的赛事比赛是否受到大众的关注，是否属于观众特别喜爱的赛事，其赛事的水平、投入与赞助等方面在市场中有无潜力等。

从社会效益看，举办体育赛事对文化教育的影响，是否满足人民文化娱乐的需求，是否对当地人民生活的影响等，是否对社会环境的影响等。

从国家安全和社会稳定看，体育赛事是否有利于地方或城市的安全和稳定，是否能符合政府有关部门的规定，能否通过有关部门的审查等。

---

① 李南筑：《体育赛事评估：评定价值、创造价值》，《上海体育学院学报》2009 年第 4 期。

2. 体育赛事的物质条件

具备必要的举办赛事的条件是体育赛事顺利举办的基本保证。举办条件主要围绕体育赛事地理环境、工程建设或场馆状况等。

体育赛事地理和场馆条件的评估主要分析体育赛事选择地理环境的合理性，是否适合体育赛事专项比赛的要求和条件等。

体育赛事比赛条件的评估主要分析根据各运动赛事的比赛特点，分析的内容与重点有侧重。比如由径赛事比赛重点检查比赛场地器材是否符合国际田联有关的要求，乒乓球比赛则重点检查场馆、灯光、场地等方面的要求。例如，乒乓球比赛物质条件包括：

赛区：应不小于 14 米长、7 米宽、5 米高，应由 75 厘米高的深色挡板围起。

光源：距地面不得少于 5 米。从台面高度测得的照明度不得低于 1000 勒克斯，场地四周应为暗色。

球台：比赛台面是与水平面平行的长方形，长 2.74 米，宽 1.525 米，离地面高度 76 厘米。

球网：包括球网、悬网绳、网柱及将它们固定在球台的夹钳部分。整个球网的顶端距台面为 15.25 厘米，网长为 183 厘米；还有球和球拍的具体要求和规定。

北京奥申委在申报报告中从这些方面阐述条件：国家地区及候选城市特点、法律、海关和人境手续、环境保护与气象、财政、比赛赛事、奥运村、医疗卫生服务、安全保卫、住宿、交通、技术、新闻宣传与媒体服务等。这些为体育赛事前的评估内容提供了参考。

3. 体育赛事对社会的影响

从国际重大体育赛事的经验来看，通过间接投资来拉动长期收益是重大体育赛事中社会经济综合收益的最大化的主要措施。以悉尼奥运会为例，组委会的保底赢利为 9.89 亿美元。但实际带来的收入都远远超过这个数值，在 16 天的奥运会期间，总共吸引了约 25 万名海外游客，连同国内游客总人数超过 100 万，给悉尼带来了旅游的黄金季节，并已经实现 100 多亿元的长效收益。

有专家指出，国际大型体育赛事的成功只属于经济牛市的国家和城市，即经济实力雄厚并处于加速期的城市举办才可以推动全方位的发展。因此，广州承办亚运会应是广州社会经济全面发展的机遇，应力求社会经济效益的最大化。尤其要借助大规模的投入来引导长期社会经济效益的综合产出。根据申亚报告，广州在 2010 年前投入 2600 亿进行场馆建设和城市基础设施建设和改造。其中用于场馆建设的约为 1/20，大部分用来建设和改造现有基础设施，改善城市环境和景观，创造更多的福利条件和就业岗位，拉动引致需求和长效收益。但我们必须清醒地看到亚运会举办的巨大风险。为此，首先，在赛前必须进行经济效益评估和预测，科学预计亚运会的投入和产出。其次，适度建设体育场馆和设施，力求可持续利用比赛设施。再次，根据赛中的实际情况，实时调整投入产出，并对社会经济效益进行实时评估。最后，是赛后再评估。对整个亚运会中的投入及其产出，进行再分析，判断是否得到效益，并为以后的大型体育赛事承办提供经验。

4. 体育赛事开发和营销的能力

体育赛事的开发主要包括市场开发和营销。体育赛事开发主要包括：体育赛事的赞助、门票销售、赛事纪念品、赛事彩票、广告等。体育赛事作为产品的市场营销活动，其核心工作是通过对体育赛事的策划、包装和市场经营，以提升赛事的商业价值，从而使赛事的组织者、经营者和赞助商共同获取利润。因此，赛事营销需要专业的体育经纪公司或推广公司进行合作，他们在体育赛事产业链中的主要作用体现在：第一，是增值性，即通过经纪公司的运作，使赛事产品更受消费者喜爱，进而带动赛事产品的增值。第二，是实现各方利益共享，即通过经纪公司的运作，使赛事营销链上的各合作环节都得到利润，各合作方都获得经济效益。第三，实现价值最大化，即通过经纪公司的运作，使赛事资源得到优化配置，提高整体竞争优势，实现价值最大化。此外，体育赛事还兼具有提供精神产品和欣赏服务的功能，这是精神文化类非物质产品市场营销的特殊功能。

5. 体育赛事组织管理的水平

赛事组织管理是举办赛事的基本保证,包括赛事的运行、媒体运行、交通技术、运动会服务、形象与标志及新闻宣传等方面。体育赛事是当今最频繁的大型公众聚会,其成功与否,很大程度上取决于赛事组织者和经营者的赛事组织管理。赛事组织管理作为一种职业,其特征是将赛事作为商品进行市场营销,并组织公众聚会以传播和推广体育运动。大型赛事的组织管理需要职业经理人,尽管各种职业经理人所需要的专业背景和经验有所不同,但组织能力、谈判技巧、财务管理、市场营销和人际关系是具有普遍意义的基本技能。美国就有140多所大学开设活动组织管理类课程,活动组织管理经理人已成为当今美国青年人向往的职业。体育赛事存在太多的风险隐患,有的可以控制或有限控制,有的可能无法控制,这些隐患给赛事活动的组织者和经营者带来了风险,这些风险可能是经营层面上的,政治层面上的,或者经验层面上的。赛事组织管理需要做的是风险预测、风险评估和风险管理。

6. 体育赛事筹资方案的合理性

在现代经济生活中,资金的投付是投资发挥其对经济的启动功能和持续推动功能的集中体现。缺少资金,体育赛事将无法举办,更谈不上顺利投产、实现投资效益了。在赛事前评估时,一方面必须认真分析投资估算是否落实:不仅体育赛事所需的前期资金投资不能留缺口,赛事运作中必不可少的流动资金也必须打足。另一方面还应考察体育赛事投资来源的合理性与可靠性。其中需向银行借款的部分,应取得拟贷款银行的意向性认可。

7. 体育赛事风险的大小

体育赛事规模的不断扩大,赛事中各种不确定性因素随之增加,从而使赛事风险相应增加。赛事运作模式的不断商业化和赛事相关利益产权的不断明晰,使赛事相关主体必须自负盈亏,成为风险承担主体,进而使赛事风险管理在赛事管理中日益承担着重要的角色。按照风险发生的损失形态分类,大型体育赛事从筹备到举办阶段主要面临组委会收入损失风险、财产损失风险、人身意外伤害风险、民事责任赔偿风险及其他特殊风险。赛事启动时成立专门的风险管理机构，负责赛事从筹备到举办阶段的全部风险管理事务。[①]

8. **体育赛事的选择**

不同的体育赛事，其市场化程度差异很大，即便在体育和经济发达国家，也仅有少数运动赛事进入了市场。体育赛事按其市场驱动方式可分为“欣赏者驱动型”和“参与者驱动型”。欣赏者驱动型的体育赛事，如奥运会、世界杯等，它们已成为当今世界最具影响力的品牌赛事，为举办国和举办城市带来巨大的社会经济影响。参与者驱动型的体育赛事，如万人马拉松、街头三人篮球、广场街舞等，这些赛事的特征是广泛的大众参与性，并已成为重要的人类社会活动。体育赛事的选择取决于其构成要素：赛事的欣赏价值、参赛者的运动水平、赛事结果的不确定程度、赛事举办城市的历史文化、举办地的消费水平、赛事的社会关注度、赛事的电视传播范围及赛事举办者的市场运作能力等。

（二）体育赛事后评估

体育赛事评估除了作为赛事决策的一种支持而需要赛事前评估以外，还需要体育赛事后评估，以便能够全面评价体育赛事前评估和赛事运行的实际结果，并且为未来举办体育赛事进行赛事前评估与决策提供参考和支持。因此，赛事后评估也是整个体育赛事评估的重要组成部分。例如，在每一个国家或城市第一次承办世界田径大奖赛结束后，国际田径联合会将对整个赛事进行综合评估，以确保比赛达到一级大奖赛的标准，一旦通过则将可以继续让该城市连办四届田径大奖赛。

体育赛事后评估一般是由赛事举办者或赛事投资决策者提出并由专家组成。体育赛事后评估一般应由独立的咨询机构或专家来完成，也可由投资者去

---

① 卢文云、熊晓正：《大型体育赛事的风险及风险管理》，《成都体育学院学报》2005 年第 31 卷第 5 期。

组织各方面的独立专家完成。这些独立专家应该是从事体育赛事后评估或者是体育赛事所属专业领域中的专家,这些专家应是没有参加过评估体育赛事的前评估、体育赛事决策和运作以及赛事管理的个人。赛事后评估一般应对体育赛事运作过程中每一个阶段的实施和管理进行定量和定性的分析,重点包括根据法律法规(政策、合同等)对于赛事运作情况、赛事主要要素(赛事、水平、进度、投入)的情况、赛事的技术经济指标、社会环境影响以及赛事的质量(科研、评估、预测、运作、比赛等)和管理效果等进行全面的评估。

通过赛事后评估的经验教训总结和反馈,去调整和完善赛事运作规划,提高未来赛事决策和运作水平,改进未来的赛事决策和赛事管理水平,提高赛事投资效益。体育赛事后评估的目的主要有如下几个方面:第一,及时反馈信息,调整赛事决策的方法和运作模式,改进或完善赛事决策和运作。第二,增强赛事评估的社会透明度,提高赛事运作和管理者的责任心,提高赛事运作和管理水平。第三,通过经验教训的总结与反馈,调整和完善组织的赛事投资政策和发展规划,改进未来的赛事投资和运作计划,提高投资效益。

体育赛事后评估的主要内容包括如下几个方面:

1. 对于体育赛事目标的后评估

按照体育赛事在申办和可行性研究阶段的前评估中关于体育赛事目标的论述和确定,找出实际发生的目标变化,分析赛事目标的实现程度以及成败的原因。同时还应讨论最初的赛事目标确定是否正确与合理,是否符合客观实际和组织发展的要求。这一评估的具体内容包括:

(1)既定体育赛事目标正确性与合理性的评估

对于体育赛事目标的评估中的一项具体任务就是要对赛事原定目标的正确性和合理性进行分析评估。赛事后评估要对赛事原定目标给予分析和评估,赛事目标正确性与合理性的评估工作主要是对赛事的申办报告或可行性研究报告的目标进行评估,主要是评估在赛事申办和可行性研究阶段赛事前评估者根据对体育赛事的市场预测和分析所确定的目标是否科学合理,对体育赛事的水平、观看比赛的对象、观众上座率、门票价格、竞赛相关产品的开发和销售、赛事盈利等目标的确定是否合理,以及对赛事投入、收入、经济效果等目标是否正确与合理。若体育赛事的市场分析与预定目标偏离实际较远,就应在赛事后评估报告中给出评价和说明。

(2)对于体育赛事目标实现情况的后评估

对体育赛事目标实现情况的分析和评估主要是分析和确认赛事实际实现的各种目标的情况是否合理,以及评价它与体育赛事原定计划目标的一致性程度。由于在体育赛事前评估的支持下做出体育赛事决策以后,体育赛事所在国家及地区的宏观经济条件、市场需求情况和体育赛事运作的各种条件都会发生变化,因此由于这种变化使得原来预定的赛事目标的实现程度就成了赛事后评估的主要任务之一。赛事后评估要对照原定赛事目标去分析和检查实际完成的指标情况,检查赛事实际实现在体育赛事后评估中,对于体育赛事目标的评估主要是对目标的情况和变化的情况,分析赛事目标实际改变的原因,以判断赛事目标的发生变化的原因和程度。

2. 对于体育赛事运作效果的后评估

对于体育赛事运作效果的评估是指在体育赛事结束后一段时间之内所进行的评估。这种评估的主要目的是检查确定体育赛,事所达到实际效果及其实现程度,从而总结经验教训,为新赛事的决策和运作提供政策和管理方面的反馈信息。这种评估要对赛事决策和赛事管理的不同层次问题进行全面的分析和总结。

对于赛事运作效果的评估应对照赛事申办报告和可行性分析时的赛事前评估结果与可行性研究报告预计的指标和赛事运动的结果,通过比较和分析找出差别并分析造成差距的原因。这一后评估内容的具体评估工作包括:赛事运作与管理的情况分析,赛事资金来源和使用情况的分析,以及赛事实施效果的各种指标的全面分析和评估。对于赛事运作效果的评估应注意赛事前评估与实际情况的对比分析和问题原因分析,要把赛事实施情况的结果与赛事决策预期的效果进行对比。在此基础上找出造成偏差的原因,总结经验教训。由于这种对比的数据时间的不同,所以这种对比数据的可比性也需要统一,这也是赛事后评估中需要做的工作之一。

在对于赛事运作效果的评估中，要抓住体育赛事主要指标的发展变化进行分析，找出差异或偏离，这样才可以比较顺利地进行这种分析和评估。

3. 对于体育赛事财务的后评估

对于体育赛事财务的后评估和赛事前评估中的财务分析与评估的内容基本上是相同的，都要进行赛事的盈利性分析，清偿能力分析等方面的评估。

(1)体育赛事盈利能力分析

体育赛事后评估测算赛事财务净现值和内部收益率的目的是要用将赛事结束后的财务结果与赛事前评估进行对比分析，以评估赛事的收益情况。在赛事后评估的成本效益分析计算净现值和收益率时要剔除物价上涨的因素。因此，这种赛事后评估必须建立在同度量的原则之上，必须按照赛事后评估与前评估的不变价格进行，使评估比较的体育赛事数据具有可比性。

(2)赛事财务清偿能力

赛事后评估中的清偿能力分析主要用于分析和评估赛事的财务清偿能力。这里的一项重要工作就是按赛事的财务的实际偿还能力来计算借款的偿还期。这可根据偿还赛事借款本金(包括融资租赁的扣除利息后的租赁费)的税后利润、折旧和摊销等数据来计算。这方面的后评估可以根据赛事结束的实际收入数据进行分析和评估。

4. 对于体育赛事社会影响的后评估

对于体育赛事社会影响的后评估的内容主要包括:大型体育赛事对社会经济、文化生活、社会环境等三个大方面，具体而言，主要包括:就业、地区收入分配的影响。城市的发展，是一个漫长的，由“量变”逐渐走向“质变”，并不断循环交替的过程。放眼世界，许多世界名城的发展历程验证着一个真理:举办一场大型体育赛事，是促进城市走向“质变”的难得机遇。从 1984 年洛杉矶奥运会后，大型体育赛事对城市发展具有巨大的拉动力，这在国内外已达成共识。1984 年 9 月，美国经济研究协会调查了洛杉矶奥运会对南加利福尼亚地区经济的影响后发现，奥运会对这一地区的经济促进作用高达 32.9 亿美元，使当地的发展明显提升了一个档次。巴塞罗那也为1992年奥运会算了笔账，筹办奥运会明显地加速了经济复苏的进程。1996年的亚特兰大奥运会给美国带来的经济效益在6年间约为51亿美元。2002年盐湖城冬奥会则使犹他州的餐饮业、旅馆业、汽车租赁业等行业的收入每年提高10%，这种经济拉动一直持续到2005年。但历史经验表明，举办重大体育赛事是一把“双刃剑”，过度举办重大体育赛事可能会拖垮当地经济。重大体育赛事等重大事件对城市产业发展具有抑制作用，包括重复建设、盲目扩张，举办后期城市建设的速度明显放缓等。2004年雅典奥运会成为了希腊经济危机的“催化剂”，雅典奥运村成为叙利亚和阿富汗难民的安置地 。①

【案例】大型赛事对城市的影响

1. 蒙特利尔——经济投入大而综合产出低

加拿大蒙特利尔市为办好1976年奥运会，新建了奥林匹克中心和大型体育场、游泳池、自行车赛场、奥运村等设施，并采用了许多高科技成果。但时值加拿大经济进入衰退期，加上管理不善，使这些工程的费用一再追加，原计划28亿美元的主体育场竟耗资58亿美元。虽然提高了体育设施的水平，但却使蒙特利尔欠下20亿美元的巨额债务，并负债长达20年，被称为“蒙特利尔陷阱"。这不仅使奥林匹克运动受到沉重打击，影响了1984年奥运会的申办，更影响了城市经济的发展。

2. 首尔——体育设施建设拓展城市空间

韩国首都首尔曾在1986年和1988年举办亚运会和奥运会。这两次重大赛事，带来了整个韩国的经济景气，韩国的高科技电子信息产品成为支柱产业。这被称为“奥林匹克生产效应”。而更为重要的是这两次重大体育赛事极大地拓展了首尔的发展空间。当时首尔位于江北的旧城区十分局促，没有新的空间来举办大型体育赛事，尤其是像奥运会这种全球性的运动会，因此，大量体育设施都在汉江以南建设，并配套建设大批的运动员村、公寓、新闻中心等，使得江

---

① 毛丰付、郑芳、朱书琦：《重大体育赛事对城市经济发展的影响——基于中国70个大中城市面板数据分析》，《上海体育学院学报》2020年第44卷第5期。

南新区成为新生活的象征和商业繁华地带。整个首尔的城市空间格局发生根本性改变。

3. 北京——体育赛事建设带动地区发展

500年来，北京旧城8公里长的中轴线北端一直是钟楼。1990年亚运会的举办将这一格局打破，城市中轴线从钟楼向北延伸到三环路的安华立交，以此为中心展开了亚运场馆和亚运村等设施的建设。随后在亚运村周围建设了国际会议中心、五洲大酒店、汇宾大厦、汇园公寓、北辰购物中心、汇珍酒楼、康乐中心和国际小学等。目前，该地区已成为集会议、展览、办公、居住、美食、游乐和购物于一体的现代化城区。但由于没有跳出中心城区、拉开城市格局而建设，中心区的交通压力仍未得到根本缓解，中心区的管理和建设难度依然较大。2008年奥运会确定在北京举办后，北京市编制了《北京城市发展战略规划》。根据规划，北京将结合奥运会在北中轴线与四环路交叉口北侧建设奥林匹克公园，公园北部将建设北京最高的建筑世贸中心。届时这里将形成一个集体育、文化、商务、会展、休闲、居住于一体的全新的城市功能区——奥林匹克公园中心区，这一地区也将由原来的城市边缘区转换定位为城市新中心区。

4. 悉尼——"绿色奥运"推动城市全方位的发展

2000年悉尼奥运会被萨马兰奇称为"最好的一届奥运会"。"绿色"是该届奥运会的主题，包括生态和集约两个方面的含义。首先，奥运建设中全面采用"绿色"环保材料，降低环境污染，增加绿地面积，全面改善生态环境质量。其次，场馆建设以维修升级旧有场馆为主，适度建设新馆，其中为保障赛后可持续利用，有些新馆采用临时建筑，赛后就可以拆除。此外还包括全面改造城市生态环境和提高交通服务能力，改善城市功能，提高城市形象，等等。因此，本届奥运会不仅仅为悉尼和澳大利亚带来超过200万的旅游者和近百亿美元的收益，更改善了城市生态环境质量，提高了城市交通服务能力，推动了城市景观环境建设，促进了城市旅游和房地产业的发展，为城市的可持续发展奠定了良好的基础。也就是说，悉尼奥运会引导了城市全方位的发展，极大地提升了悉尼的国际形象和地位。

5. 釜山与雅典——体育设施建设促进城市形象和地位

釜山市政府通过亚运会期间举办的一系列文化活动，增强釜山的地域文化活力，使这座港口城市向文化旅游城市转变。希腊政府则采取欧盟投资贷款等多种形式，融资约153亿美元投入城市基础设施建设，提高城市服务能力和景观面貌。重大基础设施项目包括高速公路、地铁工程等交通设施建设，城市污水处理系统改造和完善，以及以雅典卫城为中心、占地689公顷的古希腊人文景观公园的更新等，推动了雅典城市形象和地位的提升。

根据上述阐述和分析，重大体育赛事对城市发展作用最初主要体现在城市经济发展或空间格局拓展等方面。而进入21世纪以后，重大体育赛事对城市发展的作用更多地体现在城市设施功能、生态环境和景观、城市文化等各方面，并日益重视向综合效益和全方位的发展演化。总之，重大体育赛事已成为城市综合竞争能力和整体形象、功能提升的重要推动力。但同时也应该看到，有一些城市由于赛事举办时机不成熟或指导思想偏差等因素，加重了对城市发展的副作用，包括经济发展速度减缓、大量的比赛设施闲置，甚至基础设施投入过快、过大而导致浪费，等等。

四、体育赛事后评估方法

赛事后评估有很多种方法，其中使用最多的是如下几种方法。

（一）逻辑框架法

逻辑框架法不是一种简单机械的方法程序，而是一种集成的系统研究和分析问题的思维框架模式。在赛事决策、可行性研究及评估中，以及赛事运作与管理和赛事后评估等工作中都可以采用逻辑框架法，它有助于对关键因素和问题作出系统的合乎逻辑的分析。

逻辑框架法是一种概念化分析和论述赛事的方法，它使用一张简单的框图来清晰地分析一个复杂赛事的内涵和关系,使之更易理解。逻辑框架法是将几个内容相关且必须同步考虑的动态因素组合起来,通过分析它们的关系及其目标、实际结果来评估一个赛事或工作。逻辑框架法为赛事计划者和评估者提供一种分析的思路和框架;通过对赛事目标和达到目标所需手段的逻辑关系分析去确定工作的范围和任务并评价它们的结果。

逻辑框架法的核心概念是赛事各项事物层次间的因果逻辑关系,即赛事如果提供了某种条件,那么就会产生某种结果。这些赛事条件包括赛事内在的因素和赛事所需要的外部条件,基本模式见表 4 –3 –1 所列。

表 4 –3 –1 逻辑框桨法的基本模式

层次描述	客观验证指标	验证方法	重要外部条件
目标/影响	目标指标	检测和监督的手段与方法	实现目标的主要条件
目的/作用	目的指标	检测和监督的手段与方法	实现目的的主要条件
收入/结果	收入定量指标	检测和监督的手段与方法	实现收入的主要条件
投入/措施	投入定量指标	检测和监督的手段与方法	实现投入的主要条件

体育赛事后评估和体育赛事前评估一样都是为赛事决策服务的。赛事后评估主要需要解决三个问题:一是赛事的原定目标和目的是否达到了;二是赛事的原定效益是否实现以及实现的程度;三是赛事后续阶段的影响。因而赛事后评估也要问答三个问题:一是赛事的原定目标和目的已经达到的程度;二是赛事原定的成本效益指标的实现程度;三是赛事后持续效益。逻辑框架法可以针对这三个方面的问题进行全面的评估。

赛事后评估所使用的逻辑框架法的逻辑框架客观验证指标一般应反映出赛事实际完成情况与赛事前评估中原来预测指标的差别以及赛事后续发展变化情况与赛事前评估预测的差异情况。因此,在编制赛事后评估的逻辑框架之前应设立一张赛事前评估与赛事实际和后续预测数据指标的对比表,以求找出在逻辑框架表中应填写的主要内容。逻辑框架法一般可用来进行赛事实际目标实现程度的评估、赛事成败原因的评估分析和赛事后持续发展的评估等。

（二）对比分析法

体育赛事后评估也可以使用对比分析的方法，这种评估方法的一条基本原则就是同度量基础之上的对比分析，这包括赛事的前后评价结果的对比，赛事的预计和实际结果对比等。对比分析法的目的就是要找出赛事运作中的变化和差距，从而分析和找出赛事的成败及其原因和改进的方法。

1. 有无对比法

有无对比法是指将赛事实际的结果及其带来的影响与没有赛事而可能发生的情况进行全面的对比，从而度量赛事的真实效益、影响和作用。有无对比法的重点是要分析赛事的实际作用和影响，这种对比分析法可用于赛事的效益评估和影响评估，它是赛事后评估方法中的一个重要方法。

2. 前后对比法

前后对比法是指将赛事前评估结果与赛事后评估结果进行对比分析的方法。其中赛事前评估使用的是当初根据调查给定的赛事实施与赛事运营的预测数据所做出来的赛事评价的结果，而赛事后评估使用的是赛事实际运作的预测数据。通过二者的对比分析找出赛事存在的问题和未来应对的措施。

（三）层次分析法

层次分析法是一种定性和定量相结合的分析方法，它也可以用作赛事的后评估。这种方法的基本思路是根据问题的性质和要求的目标将评估对象或问题分解为不同层次的因素，按照各个因素之间的隶属关系自上而下排列成相应的层次结构，在每一层次上依照某一特定准则对该层次各因素进行分析比较求得每一层次要素的相对重要程度和各项因素的权重值，然后对于赛事前后评估的数据进行比较分析并最终给出评估结果。由于赛事后评估往往会涉及众多的因素和指标，所以，运用层次分析法可以从系统角度对赛事总体效果给出一个全面而客观的整体后评估。

(四)因果分析法

由于一些大型赛事运作周期较长，在整个赛事的运作过程中会受到社会经济发展变化与国家政策等内外部因素的影响，这些赛事实施中的主客观因素影响会导致赛事实际的经济指标与赛事前评估阶段的预测发生一定的偏差，而且对于赛事的实施和运行效果发生较大影响。因此，“在赛事后评估时除了要评估这些因素影响的结果以外，还要使用因果分析法去发现问题、分析问题，分析问题原因和提出解决这些问题的对策、措施和建议，以便使今后的运营效果能够得以改善”。这方面的分析方法只能使用因果分析法，即分析和发现赛事实际与预测差距与变化的原因、分析方法和总结经验教训并提出改进或完善措施与建议的方法。

(五)综合评估法

一个赛事的优劣通常应该是综合性的，这需要表现为该赛事实施的经济效果、社会效果等方面的全面优化。特别是对于大型体育赛事，还应该有政治效果等。赛事后评估的综合评估法就是评估赛事整体效果的方法。赛事后评估的综合评估法有。两个作用：其一是对于赛事各部分、各阶段和各层次的综合评估，从而谋求赛事整体评估的结果；其二是从不同角度(业主、承包商、政府等)对赛事结果的综合评估。

(六)成功度评估法

体育赛事后评估还可以使用成功度评估的方法，赛事成功度评估法需要对照赛事前评估所确定的赛事目标去分析赛事实际结果，以评估赛事目标的实现程度。在作赛事成功度评估时要十分注意赛事原定目标的合理性、可实施性的评估,以及赛事条件与环境发展变化的影响评估,以便根据实际情况评估赛事的成功度。成功度评估法需要依靠评估专家或专家组的经验,综合赛事各项指标的评估结果,对赛事的成功程度作出最终的评价和结论。成功度评估法可以使用逻辑框架法等方法分析评估的结论作为基础数据,然后对于赛事的目标和效益成功程度进行全面系统的评估。

第五章　体育赛事管理的主要工作

第一节　体育赛事管理的理念

理念是指认定和追求目标、原则和方法等的思想观念。体育赛事运作理念是对体育赛事运作过程中涉及的现有因素和行动任务的基本理解。运作理念是体育赛事运作过程中管理者管理行为的基础和依据。体育赛事管理应持有何种的理念,该如何进行管理,这是一个重要问题。赛事管理的过程非常复杂,并且受到多方面的制约,如管理者自身素质、客观战略、组织文化、信息、不确定环境、理解水平等。人的管理技能和指导思想决定着管理的效率和效果,要提高效率和管理效果,就需要树立理念。由于现代管理理论的演进和权变、组织行为、项目管理等"丛林"管理理论的存在,选择哪一种管理理念就非常重要,这一理念是相对的、有限制的,没有绝对的理念,但运作理念的确立有利于管理者从管理学的角度理解事件的本质,并对赛事进行管理活动。而且这种运作理念包含多种方面,需要深度理解。

一、体育赛事项目管理理念

现代管理学的一个普遍趋势是增加项目管理及其在广泛领域的实际应用。项目管理正以一种新的思维和管理方式渗透到国民经济的各个领域。它是一种创新的管理模式,从根本上改进了管理理念,并使用独特的知识和技术来提高每项工作的效率。企业和集团的生存和竞争离不开项目管理。越来越多的人逐渐认识到，引入项目管理是提高管理水平的重要途径。

项目管理通过为项目分配若干资源，以实现新的管理，从而实现项目目标并满足各方面的既定需求。项目管理有着成熟的理论、手段和方法。在实践中，该项目是在一定的政策和经济、文化和意识、规则和标准下进行的，对资金、权限和时间都有要求。项目在多方面是项目变量，包括范围、时间、成本、质量、风险、人力资源、沟通和获取等，根据项目的规模和复杂性，在项目管理过程中，有一定层次和数量的项目管理子系统。体育赛事具有许多项目管理的特点，将项目管理理论应用于体育赛事领域，引入先进的管理理念和新知识、新技术，对提高赛事质量和水平，扩大赛事整体效益具有重要意义。

（一）项目管理基本特征

项目具有独特性、资源成本的约束性、项目实施的一次性、目标明确性、确定性、特定委托人、结果的不可逆性和生命周期性特征。项目的生命周期是一个项目从概念到完成的所有阶段。所有项目可分为几个阶段，其最简单的形式主要包括四个阶段：概念阶段、开发或定义阶段、实施阶段和结束阶段。每个阶段又可分为四个过程：启动、计划、实施和控制。过去的体育赛事只是单纯的一次比赛，而现在的体育赛事不仅具有浓厚的商业色彩，还需要建立赛事产品和服务理念等，同时，还必须有一定的资金才能完成，必须围绕目标的规划和执行来分配资源，所以这些都具备了项目管理所要求的条件。

（二）项目管理理论基础

体育赛事的运作过程本质上是一个转换过程，体育赛事的运作是在特定环境下对一定系统资源的管理。进行何种管理涉及管理理论、手段和方法在实践中的具体应用。现代管理理论有很多，能否选择合适的理论、手段和方法是能否建立体育赛事运行模式的关键。

体育赛事在一定程度上是一种行为系统，是以完成目的的各种行为作为组成要素而形成的系统，并具有系统特征，即集合性、相关性、目的性、层次性、环境适应性和动态性。为此在运作上自然会选择系统工程方法。项目管理理论的产生和发展以及体育赛事具有的项目特性容易使人联系到项目管理理论在赛事运作中的应用可能,事实上,项目管理应用于体育赛事运作的优势也非常明显。

(三)项目管理理念的基本内容

体育赛事具有生命周期,可以被视为一个项目,项目管理理论也可以随之应用于体育赛事中。项目管理要求管理人员在一段时间内使用一定的资源来协调他人,并且使他人和自己一起实现既定目标。项目管理的步骤是项目启动、规划、实施和结尾。体育赛事项目管理是一个过程,在这个过程中,体育赛事的管理者将赛事资源集中起来利用资源实现体育赛事项目目标。[①] 根据项目管理理论和战略计划,利用管理职能,将现有资源按不同的顺序和重要性组合在一起,发挥所有资源功能,以实现既定目标。赛事的管理受到许多因素的制约,包括人力、物力和财力资源。

计划包括制订任务,赛事任务与赛事管理要素是对应的,都是对赛事构成要素认识的变化形式。赛事实施就是承担和完成计划中规定的任务。人力资源、信息沟通、后勤、预算、竞赛与营销等赛事运作任务通过管理职能的发挥而实施完成。赛事任务在运作过程中表现出顺序性,例如,在规划阶段就要开始人力资源任务的进行,财政预算也随着组织结构类型不同而可能会尽早开始。如果组织结构是一种网络组织结构,那么预算必须在赛事开始前完成;如果赛事的组织结构是一种职能型组织,那么财政预算任务的工作会一直贯穿赛事的始终。

任务的制订通常是通过一个工作分解结构(WBS,Work Breakdown Structure)来确定的,即把一个项目按一定的原则分解,项目分解成任务,任务再分解

---

① 唐炜:《体育赛事的生命周期分析》,《体育管理与科学发展·2012 年全国体育管理科学大会论文集》,2012。

成一项项工作，再把一项项工作分配到每个人的日常活动中，直到分解不下去为止，整个过程称作任务分析。项目下的任务或活动具有单一目的并可管理、有开始和结束时间、有清楚的资源分配。

运用工作结构分解理论，赛事的管理部门可以按计划要求对各个工作单元（每一个具体任务）进度进行评价、分析、控制，使其向既定的目标完成任务，通过具体目标的完成促进整体目标的完成。一旦工作被按这种方式进行分解，就可以产生进度表。进度表主要形式有甘特图、计划评审技术图、关键路径（CMP）等。① 因此，根据上述理论，可以照理推出整个赛事项目任务的分析制定过程。

二、体育赛事营销理念

市场营销又称作市场学、市场行销或行销学。对于市场营销有多种定义，最初在20世纪60年代由美国营销学大师杰罗姆·麦卡锡（Jerome McCarthy）提出了“产品、价格、渠道、促销”4大营销组合策略称为4P，4P理论是营销策略的基础，市场营销也成了4P营销组合的同义词。但随着社会的发展，市场营销的概念也在不断拓宽，“现代营销学之父”菲利普·科特勒（Philip Kotler）重新定义了市场营销并强调了营销的价值导向：市场营销是个人和集体通过创造产品和价值，并同别人自由交换产品和价值，来获得其所需所欲之物的一种社会和管理过程。体育赛事营销是一个服务过程，是商品交换的过程和集合多种资源的整合营销。体育赛事消费者是使用赛事服务的成员，由于消费者在面对不同的服务时有权选择和决定改变消费模式，因此，赛事营销将不可避免地要求在强调消费者参与的质量上对建立产品服务理念提出要求。在此基础上，赛事产品服务就要将重点放在如何好好服务消费者上，要将消费者服务好，促进其反复消费，并且吸引更多的消费者。

---

① 金涛、丁敬龙：《论体育赛事与项目管理》，《首都体育学院学报》2005年第5期。

产品是可以满足人们需求的载体,可以分为有形载体和无形载体。体育赛事是为了满足人们的需要而创建的,它具有有形的价值和无形的价值,它所提供的功能和服务可以被人们使用,所以体育赛事是一种产品。

(一)体育赛事产品

赛事产品主要包括核心产品、有形产品和附加产品。任何组织都生产有形产品和无形产品,无形产品一般表现为服务。在体育赛事方面,体育组织生产的产品可以分为以竞赛为主的竞赛产品和围绕竞赛产品而展开的服务产品,即服务观众,二者相互关联。它是体育产品的重要组成部分,是连接体育赛事生产和消费的桥梁。① 此外,体育赛事作为一种服务产品,与传统意义上的服务产品有着明显的区别。其主要内容是通过以竞赛为核心的无形产品向消费者提供服务,而传统服务产品可以提供多种服务。由于竞赛本身的观赏性,竞赛产品的质量无疑是吸引观众的一个重要因素,竞赛产品自然成为赛事核心产品。

(二)体育赛事竞赛产品质量

竞赛产品是赛事的核心产品,因此竞赛产品的质量无疑非常重要,其质量直接关系到观众的消费量。竞赛产品的质量主要包括两个方面:一是赛事组织者的组织水平,即硬件的准备,包括场馆设施等;二是参赛选手的临场水平的发挥和裁判对比赛的把控,另外还有明星运动员的表现。与一般的服务产品相比,体育赛事产品的质量控制更加困难。由于一个赛事往往涉及多方利益关联,包括赛事组织者、运动员、裁判员和观众等,因此很难协调各方的利益并保持运动员的最佳表现。② 但是,如果能够保证以下几点:完备和先进的场馆设

---

① 孔庆波、张玲燕:《体育赛事产品及其特性分析》,《浙江体育科学》2011 年第 33 卷第 4 期。

② 西宗风、楼小飞、李维涛:《基于产品生命周期的体育赛事营销策略》,《上海体育学院学报》2008 年第 32 卷第 3 期。

施、参赛运动员表现出的高水准以及明星运动员的高超技巧等,就可以吸引大量观赏人群包括现场公众以及大量媒体观众。

(三)体育赛事服务产品

如上所述,体育赛事组织生产两种不同类型的产品,一种是有形竞赛产品,另一种是无形赛事服务产品。在体育赛事的营销中,主要是对体育赛事服务的推销,也就是推广。这项服务的对象是观众。任何可以改变消费者经历体验的组织管理行为都是一种营销。市场营销的概念得到了扩展。美国著名的《哈佛管理评论》杂志认为:体验是一种创造观念经历的活动,体验营销是企业以服务为舞台,以管理为道具,围绕消费者创造出值得回忆的经历活动。因此体育赛事营销本身就是体验式营销,提供给消费者的体育赛事服务产品,可以最直接地满足其追求体验的欲望,因而使得体育赛事营销蕴含着体验营销的过程。[①]

(四)体育赛事衍生产品

随着比赛产品质量和赛事整体形象的提高,赛事的品牌价值将增加。这些体育赛事将不可避免地产生更多的商业机会,包括赞助机会和来自不同公司的更多关注,从而出现与赛事品牌密切相关的周边,也被称为衍生产品。以 NBA(美国男子职业篮球联赛)为例,作为美国四大职业联赛之一,围绕 NBA(美国男子职业篮球联赛)比赛,许多商业合作伙伴直接利用 NBA(美国男子职业篮球联赛)大力推广自己的产品,获得丰厚回报。最明显的例子就是许多服装品牌与 NBA(美国男子职业篮球联赛)进行联名,并在服装设计中加入 NBA(美国男子职业篮球联赛)元素,从而显著提高了销量。因此,成功的体育赛事衍生产品的运营和发展是体育赛事商业化运营中一个非常重要的方面。

---

① 侯晋龙:《体育赛事营销的本质及营销观念创新研究》,《北京体育大学学报》2006 年第 5 期。

（五）体育赛事营销必然理念

在传统意义上，人们简单地将营销与经济利润联系起来，认为体育赛事的营销可有可无。尽管许多赛事组织并不知道这些重要性，但赛事营销必然理念告诉我们所有体育赛事组织都离不开营销活动的进行。当今是经济全球化时代，社会发展十分迅速，体育赛事作为一种产品，营销至关重要。尽管体育赛事提供的服务消费的经济效益存在差异，甚至存在巨大差异，但营销也是体育赛事的一个重要组成部分，因为体育赛事创造了很多无形产品，如具有无形性特征的服务。

（六）体育赛事产品开发理念

在享受赛事服务以及购买赛事产品时，消费者的感受可能会受到多方面因素的影响，以消费者的角度来看，整个赛事就是一场营销。因此，考虑如何满足消费者的需求，制定营销策略以满足消费者的需求是非常重要的。通过对营销理论的应用，不断创新体育赛事营销观念，掌握体育赛事营销的本质和核心，建立体验营销、网络营销、绿色营销、关系营销、国家城市营销与体育赛事营销的内在联系，丰富体育赛事的营销理念，形成体育赛事、赞助商、传播媒体、资金渠道之间良性循环的发展趋势无疑对促进我国体育赛事营销的健康快速发展起到了积极的作用。

三、体育赛事权变管理理念

由于赛事内外环境的变化和不确定因素的存在，管理过程中偶尔会遇到一些突发情况。为了适应这种情况，应进行权变管理，以识别和应对情境变量的变化，即灵活管理。

(一)权变的特征

管理学认为管理行为并非一成不变,由于不同的环境和组织,在确定管理行为时必须有一种改变的观点,这被称为管理学中的权变观点。不同组织面对不同环境,需要进行不同的管理,也就是我们常说的要学会“随机应变”。因此,当与他人合作或通过他人协调工作活动时,管理者必须意识到他们面临的或可能面临的变化情况。事实上,管理者的管理行为应该不断地适应环境的变化。

(二)体育赛事组织权变理念的基本内容

通过行为理论的描述,我们可以知道组织中人的各种行为和管理者的行为,而通过现如今的各种研究和讨论,组织中人类的行为基本上被视为科学管理和人际关系管理的混合,这些研究讨论突出了组织中参与人员的权利以及应受到管理者关心的理念。赋予被管理者更多的权利这种管理模式正在逐渐替代以命令和控制为主的管理模式。同时,以客户为中心的领导也逐渐取代了以自我为中心的领导。员工被视为内部客户。管理的趋势已经从以工作为导向转变为以员工为导向,起初实施“独裁”和发布命令的管理者也逐渐成为了团队中的一分子并利用自己的能力推动团队发展。根据上述理论,组织行为存在于所有组织中。体育赛事的运作应考虑组织行为的管理。例如,可以考虑成立一个工作小组来完成体育赛事的任务。总而言之,体育赛事运作者应不断审视和反思赛事和赛事环境,并运用新的理念、手段和方法来实现体育赛事活动的目的和目标。

四、体育赛事法律与风险理念

法律与赛事的风险相关,法律是赛事运作中不可或缺的因素。体育赛事的参与者多种多样,又都扮演着不同的角色,只有通过合作来实现体育赛事活动的目标。既然有合作,就必须有合同、谈判和法律问题等。赛事运作的法律形式包括:风险管理与保险、中止和仲裁、赛事合同、诉讼、争议解决等。

赛事的法律因素首先体现在一些赛事参与者与赛事之间的法律关系中,赛事组织者和赛事所有者之间的合法关系可以通过签订合同来建立。合同本身是各类民事法律关系的核心。在大型体育赛事中存在的各种民商事法律风险中,合同风险占据着相对主导的地位,因为合同问题引发的风险也较多。对于赛事的组织者来说,由于缺乏相关的法律意识,可能会对开发商的状况有不完全的了解,导致一些问题的出现。[①] 签订正式书面合同是保护各方利益的根本保证,可以解决口头协议带来的问题。书面合同明确了各方的所有责任。赛事筹备期间的合同谈判主要体现在有关赛事目的和规模的法律和商业准备、活动的推广和最终合同的起草。如果赛事签约双方之间发生争议,且无法通过协议解决,通常可以通过法院解决。其次,赛事的法律因素也体现在赛事运作任务的各个方面,如合同谈判、财税、当地销售市场、赞助和广告、国内和国际转播权、观众纠纷、保险和娱乐服务等。保险在任何体育赛事中都扮演着重要的角色,为赛事组织者、场馆、赞助商、电视转播商和参赛者提供切实可行的保障。体育赛事保险除一般责任险外,还包括电视转播设备损坏险、劳动补偿险、奖金补偿险等,为限制合同各方必须承担的责任和义务,条款还包含了风险管理和最低标准保险要求。场地合同通常包括租金、安全责任、人员责任还有赔偿等。

随着我国的不断发展,举办大型体育赛事的机会也越来越多,只有将大型体育赛事法律风险防控与民商事法律体系的建设有机结合起来,建立更加公平、公正、合理的法律关系,才可以对体育赛事的民商事法律关系进行全方位的监控,从而在体育赛事和谐发展的基础上提高体育赛事的社会影响力和知名度。

---

① 冯科、杨永丽、花静:《大型体育赛事民商事法律风险的主要表现及其控制研究》,《法制博览》2021 年第 30 期。

第二节　体育竞赛规程的制定

一、体育竞赛规程概述

竞赛规程是体育赛事竞赛管理的纲领性文件，是竞赛管理工作的最高权威和指导，是竞赛组织者与参与者都必须遵循的法规。综合性运动会的竞赛规程包括竞赛规程总则(即总规程)和单项竞赛规程；单项赛事则只需要制定单项竞赛规程。竞赛规程一般由主办单位制定，并下发到各参赛单位及承办单位征求意见，修订后由主办单位公布及下发。

体育竞赛规程是根据竞赛的目的、任务和具体情况制定的。比赛结束后，该规程就无效。它具有多样性的特点，任何类型的比赛都有自己的竞赛规程，竞赛规程也因竞赛目的的不同而不同。体育竞赛规程的制定必须符合体育的法律法规，否则就是无效的。在没有体育法律法规参照的情况下，竞赛单位可以针对与本次比赛相关的问题制定自己的处理方法。

二、体育竞赛规则与规程的异同

竞赛规则与竞赛规程是保证运动竞赛顺利进行的基础，是实现运动竞赛的重要条件。竞赛规则与规程有共同之处，但又有许多不同。

(一)竞赛规则与规程的共同点

规则与规程是运动竞赛中必不可少的具有“法律”性质的基本文件。如果体育竞赛的组织者、参与者和裁判员由于缺乏有关本次竞赛的“法律”文件而没有证据和规则可遵循，则体育竞赛将不能举行。规则与规程共同制约和协调体育竞赛过程。根据规则和章程,组织者、参与者和竞赛仲裁员应遵守竞赛规程的具体要求以及竞赛规则中规定的技术规范和标准,公平竞赛,击败对手或提高运动成绩。在比赛期间,任何违反规则、规程的行为和措施都将受到禁止和惩罚。

(二)竞赛规程与规则的不同点

1. 具体内容不同

规则与规程虽然都是运动竞赛的基本文件,但是内容上是有区别的。规则是为保证运动竞赛正常进行、维护良好的竞赛秩序而制定的统一规范和准则。主要内容包括裁判员名称和职责,竞赛的组织和方法,评定成绩和名次的方法,以及有关场地设备和器材的规格等。规程则主要是对某次运动竞赛的具体要求。主要包括年度、单位和比赛名称、目的任务、日期和地点、参加单位、比赛项目和内容、参加办法、比赛办法以及其他如经费开支、食宿标准等。

2. 限定的重点不同

规则主要是对技术规范和判定技术规范以及完成运动技术的有关场地器材的规定。规程是对组织竞赛、怎样竞赛和如何进行名次的评定以及奖励办法的规定,它是运动竞赛工作的依据,也是参加比赛单位共同遵守的章程。

3. 制定、使用的时间不同

一般情况下,综合性大型竞赛至少要在一年或半年前下达竞赛规程,基层的小型竞赛也应在数月前印发。这种规程是“一次性”的,它会随着竞赛的结束而失效。竞赛规则是对某类(项)运动技术而言,在规则未作修改或变动之前举办的各种运动竞赛,其技术规范都应符合该项运动的竞赛规则,使用的时间较竞赛规程长些。当然,规则也会随着人们对运动竞赛的需求、客观条件和客观规律向前发展,逐步完善。

4. 制定单位不同

竞赛规程通常主办单位制定,报有关部门批准。国际竞赛规则由相应的国际单项体育联合会制定,我国的竞赛规则由国家体育总局审定和颁发。

三、制定竞赛规程的依据和内容

(一)制定竞赛规程的依据

以运动竞赛计划为依据:竞赛规程应依据单位、系统或省、市及全国性、国际性体育组织的竞赛计划来制定。其内容可根据情况发展的需要,进行适当修正。

以竞赛目的和任务为依据:竞赛规程应体现出运动竞赛的方针、政策和体育发展的远期目标与近期策略,有效地调整与推动体育的改革和投资方向。同时还应根据相关单位的规定以及对运动竞赛的需求,全面考虑竞赛的目的任务来制定规程。

以客观实际条件为依据:即当时的经费条件、场地设施和人员情况为依据,来制订竞赛规程。

(二)竞赛规程包括的主要内容

1. 竞赛的名称
2. 竞赛的目的和意义
3. 竞赛的任务
4. 竞赛的时间和地点
5. 举办单位或承办单位
6. 竞赛的项目和组别
7. 参赛办法

8. 竞赛办法

9. 竞赛规则

10. 录取名次和奖励办法

11. 报名和报到

12. 食宿安排

13. 消防与安全知识及逃生路线示意图

14. 裁判员与仲裁委员会

15. 注意事项或未尽事宜

16. 本规程解释权的归属单位等

以上列出的是一般情况下的竞赛规程内容，在具体操作实务中，可以根据比赛的级别、性质及参与人群等因素作出适当调整。

四、各类体育竞赛规程演变的主要内容和特点

以中华人民共和国全国运动会（以下简称全运会）为例，它是国内水平最高、规模最大的综合性运动会，是调动地方（省、自治区、直辖市及行业体协）竞技体育工作最有力的竞赛杠杆，是实现我国奥运战略目标最重要的手段。竞赛规程是竞赛工作的依据，是竞赛工作的指导性文件。

（一）项目特点及演变内容

起初全运会的项目设置带有明显的国防体育特点。从国家整体角度考虑，一方面为了改善和提高全民族的体质状况；另一方面还需要时刻防止各种危及国家安全的事件发生，全运会项目设置在第一至第四届全运会中表现出了明显的国防体育特点。① 国防体育，现在称为军事体育，主要包括跳伞、滑翔、航模、

① 刘建、徐纪科：《全运会竞赛规程演变的主要内容和特点》，《成都体育学院学报》2009 年第 35 卷第 9 期。

射击、摩托车、无线电等体育项目。

第一，第一届全运会设置的比赛项目较为齐全，总共有 36 个比赛项目，而其中设置的国防体育的项目如无线电收发报等总共有 10 项，占总设置项目的 27.8%。此外，还设置有击剑、国际象棋等 6 个表演项目。

第二，第二届全运会由于设置的比赛项目较少，只有 22 个比赛项目，其中国防体育的比赛项目设有 6 项，其所占比例也与第一届全运会中国防体育项目所占比例基本一致。

第三，1975 年 1 月，逐步恢复了群众性的射击、潜水等国防体育活动。举行第三届全运会时，由于国防体育刚刚恢复，除射击外，其他项目尚无条件参加比赛。跳伞、航空模型、航海模型等 5 项只作为表演项目出现在全运会赛场。第四届全运会则设置了 7 项，约占项目设置总数的五分之一。1980—1982 年，国防体育变为由国家体委统一领导，不再承担军事教育和军事技术训练，为部队培养后备力量的任务，从此"国防体育"便成为了历史，"国防体育"的重心从"国防"转向体育。时代在变更，社会在进步，相较于军事体育的新称谓，国防体育显然已不能满足当时社会的认知和时代发展的需要，军事体育在学术领域更为接近学科开发和创造力的发挥。也是在这一阶段，国内关于军事体育的学术研究得以起步发展，学科建设有了初步方向和定位。特别在新世纪以后，军事体育的研究与社会活动广泛开展更加拓宽了人们对其的认知和了解。[①] 全运会在见证历史的同时也展现了时代的特点。

第四，在国防体育阶段，我国的体育运动主要是以"发展体育运动，增强人民体质"为根本目的。当时新中国体育在世界的地位处于起步阶段，全运会的设项强调的是普及程度和民族特色，项目设置不尽规范，伸缩性较大。

第五，全运会比赛项目增加了许多适合大众的项目，这些项目也成了全运会的重要组成部分，如中国象棋、围棋、武术等，很多项目现在看来更像社区运动会的游戏，如第一届全运会中设有蒙古族的摔跤，藏族的投掷、傈族和彝族的

---

① 安江宁：《我国军事体育的发展历程与未来之路》，《武术研究》2021 年第 6 卷第 7 期。

赛跑、划艇、马球等,第二届和第三届全运会的比赛项目比第一届全运会有所发展,增设了很多少数民族体育项目,比如第三届全运会上就出现了秋千、民族摔跤等,与此同时,在这届全运会上首次出现了冬季项目。随着中国国力的不断增强,竞技体育水平也在不断发展。在第四届全运会上,项目的设置越来越重视竞技性,虽然以前的军事性项目和冬季项目还有所保留,但手球、击剑等国际重要项目开始进入全运会。

第六,项目设置不仅规范,而且项目设置的级别层次上也有所改变,第一届全运会项目设置有竞赛项目和表演项目共 42 项,第二届全运会除了 22 个竞赛项目外只有武术 1 个表演项目,第三届和第四届全运会则将竞赛项目分成年组和少年组,另有 6 个表演项目。之后一直到第十一届全运会,在国际上有重要影响,在国内受到广泛关注的足球项目,由上届设置的男女成年各一组别,增加了男子 U16 和女子 U18 两个青年组别比赛,并且采取了非常特殊的计牌、计分方法,对前三名分别以 2 枚金牌、1 枚金牌和 0.5 枚金牌计入其所属代表团所获奖牌总数,使这届全运会的足球金牌数达到了 11 枚。此后的第十二届、第十三届、第十四届也都顺利举行。其中第十三届全运会在天津市举行,天津也成为中央政府取消北京、上海和广东三地垄断举办权后,继江苏、山东和辽宁后第四个主办全运会的省市。

随着我国体育竞技水平的提高,中国人不仅需要在夏季奥运会上展示自己的竞技能力和精神面貌,还需要在冬季奥运会上有所转变。1979 年,中国重返国际奥林匹克舞台。自第五届全国运动会以来,项目的设置一直与奥运会保持一致,这主要体现在夏季奥运会上。在国际层面上,冬季运动正在越来越多的国家开展,其影响也越来越大,人们也越来越关注它。冬季运动如夏季运动一样,有很大的社会影响力。但是,我国冰雪运动发展的规模和基础条件较差,难以满足我国冬季运动发展的需要和与国际冰雪强国竞争的需要。同时,与我国夏季运动的发展规模和速度也形成了较大的反差,呈现出不平衡状态。

20 世纪 80 年代中后期,我国加强了对冰雪项目发展的研究,并提出了实现冬奥会突破奖牌零和金牌零的目标。因此,从第七届全运会开始,比赛项目不仅与夏季奥运会项目接轨,而且将速度滑冰和短道速度滑冰两个冬季奥运会项目设置为比赛项目,第九、十届全运会在第八届全运会继续保留这两个项目的基础上,又增设了花样滑冰。第十一届全运会又增加了自由式滑雪比赛项目,以期充分利用全运会竞赛平台,保证冬季奥运项目和夏季奥运项目同步发展提高。2022 年北京冬奥会是我国重大的标志性活动。从首届冬奥会到现在,中国冬季运动健儿在世界赛场崭露头角,参赛、获奖项目多样化,优势、潜优势项群与新兴项目多点开花、全面发展,整体竞技实力稳步提升。并且,在体育领域深化改革的背景下,我国高等院校尤其是体育院校通过开展冰雪运动进校园、培养输送专业人才、提供科研支撑等形式在奥运备战、后备人才选育、从业人员培养、科研攻关与学科建设、职业技能培训、师资队伍建设、国际交流与合作等领域与国家体育总局、各冬季项目管理中心开展多途径合作,为项目发展提供助力。例如,北京体育大学成立冰球运动学院、建立气膜冰场等;河北体院成立冰雪运动系;北京交通大学成立风洞实验室,5 座不同类型的现代化风洞辅助冰雪项目训练。①

(二)奖励和积分办法的演变过程

前五届全运会的计分和奖励规则相对简单。从第六届全运会起,增加了计分排名:奥运项目奖励最终成绩的前 8 名,第一名计 9 分,第二名计 7 分,后面的名次依次减少 1 分;非奥运项目奖励最终成绩的前 6 名,第一名计 7 分,第二名计 5 分,后面的名次依次减少 1 分。从第七届全运会开始实行奥运成绩计入全运会,第八届起增加了协议计分和两次计分,同时对球类集体项目奖励和计分办法作了调整和改革。②

第一,第五届全运会奖励和计分办法相对简单,只是强调对部分重点项目

---

① 王蓓、谢慧松:《2022 年北京冬奥会背景下我国冬季奥运项目发展研究》,《体育文化导刊》2019 年第 9 期。

② 崔旭艳:《全运会竞赛制度变迁方向探索》,《广州体育学院学报》2014 年第 34 卷第 4 期。

的重视:额外颁发奖章、奖状和奖杯等。

第二,第六届全运会中开始突出对奥运会项目的倾斜计分:奥运会项目奖励前 8 名,按 9,7,6……2,1 计分;非奥项目奖励前 6 名,按 7,5……2,1 计分。但没有实行奥运奖牌带入全运会制度。

第三,从第七届全运会开始,在奥运会上获得的奖牌按照 1∶1 的方式计入到全运会的各参赛代表团:第七届全运会竞赛规程规定,运动员在第二十五届夏季奥运会和第十六届冬季奥运会上取得前三名的成绩,将其获得的奖牌按照 1∶1 的比例计入其所属代表团在本届全运会所获奖牌总数,同时按照之前规定的计分办法,将其所获分数计入其所属代表团在本届全运会的总分数。

第四,第八届全运会则加大了奥运会计分的带入力度:运动员在第二十六届夏季奥运会和第十七届冬季奥运会上取得前 3 名的成绩,其所获奖牌数依然按照 1∶1 的比例计入,而其所获分数则按照 13、11、10 的分数计入其所属代表团。

第五,第九届全运会又在第八届全运会的基础上增加了一条规定:运动员在第二十七届夏季奥运会上每创造一项奥运会项目世界纪录,则为其所属代表团增加 1 枚金牌和 13 分计入该代表团总成绩。这些进一步引导各省市自治区向奥运会战略靠拢。

第六,第十届全运会又改变了规定:运动员在第二十八届夏季奥运会和第十九届冬季奥运会上获得前 3 名的成绩,将按照之前的比例翻倍计算,即将其所获奖牌数翻倍计入代表团总奖牌数中,其所获分数按照 26、22、20 的分数计入代表团总分数中。

第七,第十一届全运会又在第十届的基础上,加大了对参加奥运会的奖励力度。获得前 8 名的运动员都将因此受益。奖牌数的计入方法不变,依旧是前 3 名所获奖牌翻倍计入;而在计分上,每获得一个名次分别按 26、22、20、18、16、14、12、10 分进行统计,计入各代表团。

第三节　体育赛事竞赛相关人员管理

体育赛事竞赛相关人员包括运动员、教练员、裁判员、领队、医生、兴奋剂检测人员、性别检测人员、技术统计人员及竞赛组织工作人员等。本节着重对运动员及裁判员的管理进行阐述。

一、运动员管理

(一)运动员参赛资格

不同的赛事对运动员的参赛资格有不同的规定,这与赛事的目标与特征紧密相连。

与参赛资格有关的标注十分重要,关系到能否体现公开、公平、公正原则及实现赛事的目标,以至于赛事的主办单位通常将这些标准以书面形式准确记录下来,作为赛事的正式文件广泛地加以宣传,力求使赛事所有相关人员彻底理解。

一般运动员参赛资格的标准包括以下几种:

籍地限制。国际型的赛事对参加赛事的运动员的国籍都有明确而具体的规定,而国内举行的大型赛事则一般会对运动员的省籍进行规定。比如,参加奥运会的运动员必须是选派他参赛的国家奥委会所在国的国民;如果一个运动员同时是两个或两个以上国家的国民,他只能代表其中一个国家参加奥运会,这个国家由他自己选择;曾经在奥运会、洲或地区的运动会、被有关国际单项体育联合会承认的世界锦标赛或地区锦标赛中代表一个国家的运动员,如果他改变了自己的国籍或取得新国籍,必须在改变国籍或取得新国籍 3 年以后,才能代表新国家参加奥运会。如果一个运动员所在的国家是新独立的国家,或他所属的国家奥委会是新被承认的,这个运动员可以选择代表新的或原来所属的国家参加奥运会,但这样的选择机会只有一次。

身份限制。实质上是对运动员所属群体的要求。例如,2005—2006 年中国大学生男子篮球超级联赛规定,参加该联赛的运动员必须是按照教育部关于全国高等学校招生、录取的有关规定(以及相关特殊招生政策),经考生所在地高等学校招生委员会(办公室)审核录取(已在教育部高校学生司注册备案)的在校在读全日制学生(含研究生和双学位学生)。

年龄限制。即对运动员所处的年龄段进行规定。例如,国家对参加全国城市运动会的运动员年龄有严格的限制,明确规定一般在 18 岁以下,主要由地市级的城市为单独的参加单位。这是为了培养年轻的后备人才,为参加以奥运会为最高层次的国际赛事锻炼队伍,促进我国参加奥运会运动员队伍的年龄梯队建设,同时推动城市体育事业,尤其是竞技体育的发展,为国家的奥运战略做贡献。而参加奥运会的运动员,除了在国际单项体育联合会的竞赛规则中由于健康原因有所规定外,没有其他的限制。但是在征得国际奥委会同意的前提下,单项体育组织可以对本项目运动员的年龄进行限制。如国际足联规定,参加奥运会的每个队中只能有 3 名球员年龄在 23 岁以上。

除以上标准,不同的体育赛事对运动员的参赛资格可能还会有其他具体要求。在我国,参加国家体育总局举办的全国综合性运动会和全国单项竞赛的运动员除遵照赛事本身的资格标准,还必须遵守《全国运动员注册与交流管理办法(试行)》。

体育赛事运作管理机构在拟定运动员参赛资格的标准时,需要着重从以下两方面考虑。

第一,要从赛事的目标和特征出发,而并不是“为标准而标准”。比如专业性的赛事着重于竞技水准,需要对运动员的专业水准进行更多的关注;如果是综合性运动会,运动员往往作为代表团成员参加,为了保证赛事的公平、公正,则对运动员的籍地审核更为严格;如果是群众性的赛事,目标在于吸引更多的人参与,促进运动项目的发展,那么对于年龄、专业性的要求则相对广泛。

第二，要将赛事的传统与现实的发展相结合。连续性的赛事都已有明确而具体的运动员资格标准，保持这些标准的稳定性有利于赛事的发展。但保持标准的稳定性并不意味着因循守旧、一成不变，也应根据现实的发展而有所变化。

（二）运动员安全

对于运动员安全的管理不仅仅是提供符合安全标准的场地、设备与器材，还需要综合考虑诸多因素，比如对运动员遭受攻击的可能性的防范。具体的措施包括：

疫情防控。作为全世界共同面对的巨大挑战，新冠疫情防控形势十分严峻。虽然我国及时采取了有效措施，但新冠病毒仍不容小觑。尤其是在北京冬奥会即将举办之际，更要加强防护措施，确保各类人员的安全。

对运动员安全的因素进行重要性排序。这是做好运动员安全管理工作的基础。涉及运动员安全的因素相当繁杂，包括了运动员衣食住行各个方面，如果不对各种因素作整体了解，对资源进行统筹安排，常常会顾此失彼，或者因小失大。

运动员比赛场地及住宿宾馆进行全面检查，合理分布安保力量。一个值得推荐的行之有效的方法是设身处地，模拟运动员的身份、日程及常规途径，对比赛场地、住宿宾馆等区域进行“试用”，有利于发现运动员安全工作中的“盲点”。

严格执行证件标准，加强证件检查工作。对于能进入比赛场地、运动员休息室、运动员更衣室等不同场所的人员与身份进行限定，必要时使用金属探测器等设备。

提高运动员自身安全意识，增强对于竞赛及非竞赛风险的认识，并根据不同类型的运动员的特征制订安全意识培训措施。此外，还要注意由于运动员意识形态不同、种族不同、民族不同等非竞赛因素可能导致的安全风险，及时发现和消除矛盾。

(三)反兴奋剂

兴奋剂主要是运动员在运动训练和运动竞赛中为提高成绩而使用的被国际体育组织禁用的违反体育道德和医学道德的药物。在当代体育赛事的竞赛管理中,兴奋剂问题已经成为国际体坛面临的严重挑战之一。我们必须承认违禁药物滥用的事实,并应该采取预防性手段加以处理和遏制。运动员在赛事中使用兴奋剂意味着企图以不正当的手段获得不正当的荣誉和利益。这种行为不仅危害了运动员本身的身体健康和生命安全,也违背了体育赛事追求公平竞争的根本原则。

1999 年 11 月 10 日世界反兴奋剂机构在瑞士洛桑成立,标志着国际反兴奋剂协调行动的开始。中国也在 2000 年 2 月成为世界反兴奋剂机构理事国。随着后来《世界反兴奋剂条例》的诞生,我国政府对于体育赛事中的兴奋剂问题也颁布了很多相关法规文件,在体育赛事尤其是大中型体育赛事中,需要依照规定进行兴奋剂检查工作,为运动员提供公平竞争的环境。

兴奋剂检查工作包括制定兴奋剂检查分布计划、挑选受检运动员、样品收集、样品传送、样品检测、结果管理与监督等工作。兴奋剂检查工作应以检查高危项目为重点,兼顾中、低危项目的原则,充分考虑整体方案的科学性、合理性、有效性,根据赛事特点、参赛运动员数量多个相关因素,对赛前检查、比赛检查、尿检、血检等工作制定出详细计划和实施方案。兴奋剂检查工作人员进行检查时,必须按照兴奋剂检查规则,应当有 2 名以上检查人员参加,并出示兴奋剂检查证件;向运动员采集受检样本时,还应当出示按照兴奋剂检查规则签发的一次性兴奋剂检查授权书;受检样本交由国务院体育主管部门确定的符合兴奋剂检测条件的检测机构检测。除加强对兴奋剂检查的管理外,体育赛事运作管理机构应该不断加强对运动员反兴奋剂的宣传教育工作。

保护公平竞赛权、健康权是反兴奋剂最为重要的理由。但是,通过反兴奋剂保护这些权利的同时,无形之中可能又会侵害运动员的一些其他权利。“世界反兴奋剂机构(WADA)诉孙某 & 国际游泳联合会(FINA)案”就是一起由于反兴奋剂检查过程中对运动员权利保护不够重视引发的纠纷。此案具有重大的影响力，对于运动员法律意识的提升和权利意识的觉醒具有重要意义，对于完善我国反兴奋剂法制体系也具有重要的参考价值。而对于国际体育仲裁法庭（CAS）而言，在反兴奋剂纠纷中如何做到更为客观中立，在运动员权利保护中如何发挥更为积极的作用，都是值得深思的问题。[①]

二、技术官员的管理

技术官员一般包括仲裁委员、裁判员、辅助裁判员，是竞赛活动中的执法队伍和监督队伍，是保证竞赛公正、公平进行的重要力量。这里主要介绍裁判员的管理。

裁判员是在运动竞赛过程中依据竞赛规程和竞赛规则评定运动员（队）成绩、胜负和名次的人员。裁判员是在任何体育赛事中都必不可少的角色。裁判员水平的高低直接影响运动员技战术的发挥，也直接影响比赛效果。所以裁判员应具备高尚的道德品质，并精通本项比赛的规程和规则，不断进行观念和知识的更新，以提高水平。但裁判员如果做出违背体育道德的事，一定会被严惩，如 CBA 两名裁判在"2021—2023 国际篮联技术官员认证体能测试"中涉嫌作弊，遭到了严厉处罚。

体育竞赛裁判员实行分级认证、分级注册、分级管理。国家体育总局对在我国（不含香港、澳门特别行政区）正式开展的体育运动项目裁判员的管理工作进行监管。各级政府体育主管部门负责本地区相应等级裁判员的监督管理工作。全国单项体育协会、省、自治区、直辖市各级地方单项体育协会负责本项目、本地区相应技术等级裁判员的资格认证、培训、考核、注册、选派、处罚等监督管理工作。体育赛事的裁判员管理主要包括以下几方面的工作：

裁判员的选派。包括确定赛事所需裁判员的数量、选派标准、选派办法。

---

① 姜熙：《反兴奋剂中运动员权利保护研究——基于"WADA 诉孙某 &FINA 案"的分析》，《天津体育学院学报》2021 年第 36 卷第 2 期。

裁判员的选派要从赛事规格及竞赛实际需要出发，综合考虑裁判员级别、裁判员经验及其他方面的素质需求。一般情况下，赛事的主要裁判员由主办单位选派，其他裁判员由承办单位、主办单位或全国性单项体育协会批准。

裁判员的培训。主要裁判一般由主办单位负责培训，其他裁判由承办单位进行培训。培训的内容、方式应根据培训对象的具体情况而有所区别与侧重。例如，对二、三级裁判员的培训重在基础，对一级以上裁判员的培训重在提高。

裁判员的监督。主办单位或承办单位应建立并不断完善对裁判员的监督机制，重在运动员对裁判员的工作作风、职业道德、裁判水平进行监督和评议，并根据评议结果，依据裁判员管理办法对裁判员进行相应的奖惩。

三、观众的管理

体育竞赛本身是一场紧张激烈的对抗，比赛双方又各自代表一个地区或一个国家，易于引起观众的共鸣，而且比赛的结果具有不确定性，有时瞬间可能产生两种截然相反的结局。

竞技赛场易发生的事故有：观众引发的安全事故、突发性事件引发的安全事故等。而体育赛事中观众又享有安全保障权、受尊重权等，所以要加强体育赛事中的安全管理，具体措施有：首先，要加强对管理和服务人员的安全培训，强调以预防为主的安全管理原则；其次，做好门票的销售、分发和出入口的疏导工作；再次，加强对现场观众的宣传教育；最后加强法制管理，及时制止和惩罚严重违纪者，保证竞赛的顺利进行。如果不做好管理措施，就可能产生恶劣的结果。例如，2004 年 NBA（美国男子职业篮球联赛）发生的奥本山宫事件就是由于管理不善导致球员和球迷发生冲突，造成了 NBA（美国男子职业篮球联赛）历史上规模最大、处罚最重、影响最恶劣的群殴事件。

四、记者的管理

记者是指通信社、报刊、网络、电台、电视台等新闻单位中为采访某一次体育竞赛担任采访报道摄影的工作人员。在体育竞赛期间承办单位要为记者设置专门的工作区域。

但近年来由于记者言语不当导致与运动员发生口角的情况时有发生,所以对于体育记者也要加强管理,严格控制标准,同时记者本身也要提高自己的职业道德修养和应变能力。

五、志愿者的管理

志愿者是指在不为任何物质报酬的情况下,能够主动承担社会责任而不获取报酬,奉献个人时间和助人为乐的人。体育竞赛中的志愿者是在竞赛组委会指定的时间和岗位工作,接受组委会的管理,义务为体育竞赛服务的人员。

第四节　体育赛事标识系统管理

一、体育赛事标识系统的内涵及构成要素

(一)体育赛事标识系统的内涵

体育赛事标识系统是指基于赛事的基本属性、蕴含并倡导的赛事价值和所坚持的赛事宗旨等而专门设计和使用的、能够引起人们符合赛事理念、感情、价值和宗旨的心理联系和思想活动的、各类感知觉要素符号,包括基本色彩和各种相关的视觉图形符号等。

(二)体育赛事标识系统的构成要素

不同的体育赛事具有不同的标识系统,自然就包括不同的要素。以奥运会

为例，奥运会标识系统包括奥运会及残奥会的基础形象开发与管理、奥运会及残奥会赛事相关设计、赞助商相关应用设计、出版物应用设计、电视互联网应用指南等。

二、体育赛事标识系统的作用和意义

体育赛事标识系统是一种视觉符号，是指组织向环境传递信息过程中视觉形式的标准化、统一化，简而言之，即组织向环境展示的统一的、独特的、持久的视觉形象。视觉识别系统主要有文字和图案两部分，包含组织名称、标识、标准字体、标准色、固定造型、象征图形、标语口号等丰富的元素。它塑造、宣传体育赛事的形象，传递赛事的信息，传播赛事举办地的优秀传统文化、风土人情、地域风貌、民族精神，增强国际文化的交流与合作，提升举办地的美好形象。

体育赛事标识系统是一笔无形资产，蕴含着巨大的市场潜力和经济价值。无论是赛事的大众媒体宣传、景观工程建造、场馆环境布置、专题活动举行、官方网站建设，还是门票、邮品、纪念品、宣传册等的设计，都需要大量使用赛事的标识与吉祥物，通过统一的视觉形象，向公众传递赛事蕴含的理念及独特的文化。因此，建立包括赛事标识及吉祥物在内的赛事视觉识别系统，是进行体育赛事营销的必要条件之一，甚至其设计过程本身就是一次受社会关注的营销事件。例如，历届奥运会会徽、吉祥物的征集、选评与公布都会引起主办国乃至全世界的普遍关注。而赛事视觉识别系统能否广泛传播则是衡量赛事营销是否成功的重要标志之一。

体育赛事标识系统构成了一种视觉资产，是强化消费者赛事品牌认知，最终形成赛事品牌资产的关键。与语言刺激物相比，视觉刺激物传递的信息内容更加丰富、生动，更能引起体育赛事消费者的注意。以中国网球公开赛为例，其标识通过运用中国传统书法，以写意的方式描绘了网球旋转的图像，借助中国水墨画的神韵，将传统文化中的八卦和网球形状结合，赋予了这个国际顶级赛事独有的中国文化内涵[①]。除此之外,NBA(美国男子职业篮球联赛)以及各大足球联赛等的标识系统也都以独特的形象传递了赛事信息。

体育赛事视觉识别系统是除了具有营销功能以外,还是赛事市场开发的重要因素。体育赛事运作管理机构通过向企业出售标识及吉祥物使用权的形式,获得收入。

三、体育赛事标识系统的设计理念与人文内涵

(一)体育赛事标识系统应与本土文化有机结合

体育赛事不仅仅是一场体育运动的竞争,同时也是通过体育运动体现一定的文化。而奥林匹克运动会作为四年一度的现代体育赛事,更是一场体育运动与文化艺术完美结合的体育盛事。奥林匹克运动会起源于古希腊,古希腊又是一个神话王国,无数神话故事和传说为古代奥运会的起源蒙上了一层神秘色彩。相比于竞争激烈的体育比赛,古希腊奥运会更像是一个全国欢庆的节日。在这里,参加比赛的运动员在场上激烈角逐,奋勇争先,在欢呼和呐喊中享受着运动的乐趣;而在赛场之外,有诗人创作着慷慨激昂的诗句,赞颂着努力拼搏的运动员们;有艺术家对运动员们进行临摹,记录下他们英姿飒爽的身姿;同时,还有老师在为学生授业解惑,有商人在售卖商品,也有无忧无虑的孩子们在尽情玩耍。古希腊人们在这场盛事中尽情展现自己,展现属于自己的文化。体育赛事标识系统更是作为体育赛事的文化载体来传达举办地对所举办赛事理念的理解以及本民族历史背景、地理环境、民族传统文化。例如,北京奥运会的会徽就充分体现了我国的传统文化。会徽上半部分是一个中国传统印章,刻着一个类似于奔跑的运动员的形象,既像“京”字,又像“文”字,体现了中华文化的

---

① 刘辛丹、梁佳、吕兴洋:《体育赛事品牌标识评价研究——以中外著名体育赛事标示为例》,《山东体育科技》2016 年第 38 卷第 5 期。

博大精深。下半部分则是在将中华文化和奥林匹克精神相结合的同时也表明了本届奥运的时间和地点。会徽中的印章代表着中华民族几千年来的悠久文化历史,同时也象征着诚信,代表了北京对于举办此次奥运会的信心和对全世界的郑重承诺。北京奥运会会徽以红色为主题,红色在中国人眼中是富有美好寓意的颜色。红色是太阳的颜色,是奥运圣火的颜色,更是中国国旗的颜色。红色代表了生命的活跃和希望,代表了光明和活力,代表了吉祥如意和喜悦之情。红色代表中国对世界热情相待,代表中国对世界充满浓浓的祝福。印章中的运动员形象既像“京”字,又像“文”字,体现了中国的文化,也体现了北京“人文奥运”的承诺。而印章中的运动员则是一个正在奔跑的运动员张开双臂迎接胜利的形象,体现了“以人为本”的体育文化内涵,也象征着在奥运会这个舞台上诞生的无数辉煌和创造的无数奇迹。北京奥运会会徽充分体现了其设计理念与人文内涵,也体现了体育赛事标识系统与本土文化的有机结合。北京奥运会的举办及其标识系统的建立无疑是成功的,同时也为以后的体育赛事树立了一个很好的榜样。

除北京奥运会之外,中国网球公开赛也是如此。其标识通过运用中国传统书法,以写意的方式描绘了网球旋转的图像,借助中国水墨画的神韵,将中国传统文化中的八卦和网球形状结合,赋予了这个国际顶级赛事独有的中国文化内涵。

2016 年里约奥运会会徽三个抽象人形图案共同组成里约面包山形象,体现了大自然的多样、人与自然的和谐,突出了奥林匹克精神。

而在日本东京申办 2020 奥运会的过程中,也有体现其文化的做法。2013 年,广受欢迎的动漫形象“哆啦 A 梦”成为了日本申办奥运会的特殊大使。“哆啦 A 梦”代表了日本动漫,体现了尊重与友谊的价值观,同时这也是奥运的价值观。

(二)体育赛事标识系统应与时代背景融合

德国曾两次举办过奥运会,一次是 1936 年柏林奥运会,一次是 1972 年慕尼黑奥运会。德国曾是两次世界大战的策源地,1936 年柏林奥运会由纳粹控制,在世界上产生了极坏的影响,而 1972 年慕尼黑奥运会又发生了恐怖分子袭击案件。由于历史给人们留下了不可磨灭的阴影,所以慕尼黑奥运会会徽的设计体现了色彩简单却又寓意深刻的风格。会徽由黑白两色构成,主体部分类似于光满四射的王冠,体现了光明、崇高的精神,象征着一个“光芒四射的慕尼黑”。

北京奥运会的标识系统充分与时代背景相融合,处处体现了当今世界的时代特征。当今时代,社会不断进步,科技不断发展,但仍有很多地方存在着战争和炮火,仍有很多人被迫流离失所,同时,自然环境问题也在困扰着全世界,种种问题都引起了全世界的关注。中国是最大的发展中国家,也是世界 GDP(国内生产总值)第二大国,我们承诺为世界和平发展和环保问题尽自己最大的努力做出我们的贡献。正是由于这样一个大背景,组委会将“绿色奥运”定为本届奥运会的三大主题之一,同时提出了“同一个世界,同一个梦想”的口号,充分体现了中国为世界和平发展做贡献的决心和中国社会和谐发展的理念。北京奥运会也是历史上第一次出现五个吉祥物,“五”在中国代表金、木、水、火、土五行,代表了天地万物构成的元素,也代表仁、义、礼、智、信五种德性,体现了中华民族的传统美德。五个吉祥物的形象中也包括大熊猫、藏羚羊两种濒危动物,再一次体现了中国承诺为世界环保、生态平衡做出贡献的决心。五个吉祥物的名字构成“北京欢迎你”,体现了中国热情和开放的态度。

在世界快速发展的今天,我们要尊重传统,取其精华,去其糟粕,同时也要不断创新。东京奥运会的吉祥物米拉伊托瓦(Miraitowa)是尊重传统和尖端信息的融合体,既具有尊重传统的意义,又具有与尖端信息相协调的创新方面。

(三)体育赛事标识系统应保持整体系统的统一

体育赛事标识系统还要保持整体统一。由于系统化的形象景观设计比单个形象景观设计更加具有表现力和传达力,统一化、系统化设计就成为奥运会形象景观设计的必然要求。1964 年东京奥运会是奥运会首次来到亚洲,而此次奥运会较之以往的奥运会最大的区别在于首次通过卫星进行奥运盛况电视实况转播，但由于全世界几十亿人口的文化背景和语言环境等各不相同，这就使得此次东京奥运会不得不面临一项前所未有的挑战：如何使全球各国人民了解本届奥运的文化理念和赛事项目等。这就需要创造出一整套统一的、系统化的奥运会形象景观来强化各国观众对奥运会的印象，从而能更深刻地理解其理念和活动。

最终，1964 年东京奥运会会徽确定为“奥林匹克的光”，会标采用了日本国旗上太阳的符号，加上五环标志构成图形，但本次奥运五环的颜色有别于以往，采用了金色的奥运五环，代表了太阳照耀下的光明与希望。本次标识系统的设计更加统一，使图案和文字等更像是一个整体。事实证明，东京奥运会的主办理念通过这套形象景观准确地传达给了世界各国人民，成为后来历届奥运会形象景观在统一性和系统性方面的典范。

四、体育赛事视觉识别系统的建立与传播

大型国际体育赛事视觉识别系统是从视觉的角度传递赛事形象的信息，建设大型国际体育赛事形象识别系统的一个过程。具体来说，主要是通过赛事的会徽、会旗、吉祥物、赛事标准色、赛事标准字等视觉要素的设计来推广和吸引消费者前来观看体育赛事的一项活动。[①] 体育赛事视觉识别系统的建立与传播，一般包括以下几部分工作：

深入了解与把握体育赛事的历史、文化、理念，使视觉识别系统的设计能符合并反映独特的赛事内涵。要综合考虑其在不同传播媒体上的应用效果。比如，某些颜色在电视屏幕上显示的效果并不理想，就应该避免在赛事标识中使用它；而有些特殊而精美的色彩虽然十分吸引人，但可能印刷难度和成本都很高，并不适合于大量传播使用，也不宜采用。

---

① 王岩：《对大型国际体育赛事形象识别系统的研究》，《甘肃联合大学学报（自然科学版）》2010 年第 24 卷第 3 期。

在视觉识别系统确定后，切记要及时确定其版权归属。赛事运作管理机构应立即委托商标管理部门或知识产权公司，对赛事标准名称、标识、吉祥物等进行注册、登记，使之受到法律法规的保护。

制订相关规定，规范赛事标识、吉祥物及其他视觉形象的使用方法，明确相关各方在使用赛事视觉识别系统中各自的权利和义务。

尽可能传播赛事视觉形象系统，使赛事的视觉形象深入人心，否则，赛事的视觉识别系统即使设计得再完美精湛，也无法产生任何实际价值。

当然，体育赛事视觉识别系统建立与传播的具体程序和步骤会因具体情况而相差甚远。小型体育赛事一般委托专业设计公司或者运作管理机构内部的设计人员对赛事标识、吉祥物进行设计，而大型综合性体育赛事则常常面向全社会公开征集赛事标识及吉祥物。有些体育赛事每一届都会设计不同的标识和吉祥物，如奥运会，而有些体育赛事却会一直沿用相同的标识和吉祥物。

以第十四届全国运动员的会徽设计为例。2021 年 9 月 15 日，第十四届全国运动会在陕西省西安市开幕。而早在 2018 年 5 月，第十四届全国运动会筹委会就召开了会徽征集发布会。2018 年 8 月会徽征集工作结束，共收到作品 1012 件。同年 9 月，组委会邀请国内 20 家知名设计机构的设计师进行创作，经过几次评审会议以及西安美术学院的修改完善，2019 年 5 月国家体育总局最终批复确定了第十四届全运会会徽和吉祥物揭晓。

会徽设计方案取自“礼天玉璧”，圆形是中国人的一个图腾代表圆满，同时推广蓝田玉，宣传玉文化。纹饰设定代表球类、田径和水上运动三大项。围绕圆心因为泾阳是中国版图的圆心，还代表丝路的起点。中间的延安宝塔代表红色革命圣地，代表建党 100 周年。会徽寓意着全国人民以最好的精神面貌举办全运会。中心部分表达了全国人民在中国共产党的领导下迎接中华民族伟大复兴道路上一切挑战的坚强意志。会徽的形状体现出人和自然的融合相通，会徽的颜色呈现了中华民族伟大复兴的深厚历史渊源和广泛现实基础。

每一个会徽背后都讲述着一个故事。北京 2022 年冬奥会会徽“冬梦”背后，讲述的是中国北京对冬季奥林匹克的理解和承诺。

“冬梦”主要由会徽图形、文字标志、奥林匹克五环标志三个部分组成。会徽图形在设计格局上分为上中下三部分的方式，主体形如一个不同渐变色相间的汉字“冬”的写意草书，将抽象的滑道、冰雪运动形态与书法结合，“冬”字下方两点顺势融为2022。

“冬梦”以蓝色为主色调，寓意着梦想与未来，以及冰雪的明亮纯洁。红色、黄色两种辅助色源自中国国旗，代表运动的激情、青春与活力。

“冬梦”运用中国书法的艺术形态，将厚重的东方文化底蕴与国际化的现代风格融为一体，呈现出新时代的中国新形象、新梦想，传递出中国在发展体育运动道路上的不懈努力和为奥林匹克运动做出贡献的高尚追求。

“冬梦”上半部分展现滑冰运动员的造型，下半部分表现滑雪运动员的英姿。中间舞动的线条代表举办地起伏的山峦、赛场、冰雪滑道和节日飘舞的丝带，也象征着北京冬奥会将在中国春节期间举行。印鉴“BEIJING 2022”字体的形态上也汲取了中国书法与剪纸的特点，增强了字体的文化内涵和表现力，体现了与会徽图形的整体感和统一性。

第五节　体育赛事的物品与财务管理

一、体育赛事的物品管理

体育赛事中的物品，主要是指在运动竞赛中所必须的场地、器材、设备等具体的硬件。

（一）体育竞赛中的场地

任何竞赛活动都离不开必要的符合规定的标准的场地和器材。体育竞赛场地的分类依据竞赛场地的位置、性质，从体育竞赛的角度可将各种场地进行以下分类：室外场地和室内场地。赛前的场地准备又可以分为比赛场地、练习场地、准备场地、其他场地。

（二）体育赛事器材的管理

成功地举办一次体育竞赛，除要求有高水平的场地外，还要有高质量的体育器材。

对竞赛器材的要求：第一，要符合各个项目竞赛规则的要求。第二，在大型国际比赛中，所使用的器材必须符合奥委会章程及各国际体育联合会和各洲体育联合会的规则。第三，对那些规则没有明确要求的辅助器材，应选择质量可靠、安全性能好的产品，并征求竞赛部门的同意。

（三）场地器材的管理

各场地按主要任务可分为：场地组、器材组、裁判辅助组、服务组、保障组。

竞赛期间场地器材管理的流程包括：准备阶段、比赛阶段、结束阶段的管理。

（四）体育竞赛中设备的管理

体育场地设备是指用于体育比赛、训练、教学以及群众健身活动的各种场地、场馆、建筑物、固定设施等，包括体育场地专用设备和体育场地公共设备两大类。

二、体育竞赛资金的管理

体育竞赛的资金管理是体育竞赛管理的重要组成部分，它直接关系到体育竞赛能否顺利进行及其效益，主要包括筹集资金、分配资金、使用资金的管理。

(一)运动竞赛资金的来源和管理

非营利性运动竞赛的资金来源渠道,可分为国家财政拨款,企业的集体福利基金、工会等社会组织的体育经费支出、社会赞助和群众义务劳动,发行体育彩票。

职业性运动竞赛的资金来源主要靠自收抵支,自负盈亏。

(二)运动竞赛基金的分配原则

统一领导,集体审定的原则。

统筹兼顾,合理分配的原则。

量入而出,留有余地的原则。

(三)运动竞赛的支出管理

运动竞赛的开支,直接关系到资金使用效果,资金分配之后,组委会有关部门要认真抓好支出管理,其主要措施有:

第一,支出有定额,支出有凭据。各项开支必须有定额和标准,做到支出有依据,防止盲目开支。

第二,大项要审议,小项有原则。运动竞赛的大项目开支,按照国家规定,必须进行审议,办赛所需的一些办公用品、小型物品必须按有关规定和要求办理。

第三,报销有凭证,领导要审批。支出报销要有合法的凭证,并且必须经过相关部门的领导批准,审批权要实行必要的分级管理,不要过于集中最高领导层少数人审批。

第四,灵活管理,分级包干。有些项目可实行经费分级包干,以调动大家理财的积极性。

第六节 体育赛事的后勤保障管理

一、体育赛事的接待

(一)体育赛事接待服务概述

体育赛事的接待服务是指为参加、参与赛事的各类相关人员提供住宿、餐饮、交通一系列服务的集合。体育赛事管理机构需要为运动员、教练员、赞助商、技术人员、政府官员、媒体记者和各种生活方式的名人提供接待服务,统称为体育赛事接待对象。

通过策划、组织、实施、监测和评估等一系列工作流程,体育赛事接待与赛事管理机构、赛事接待对象和其他赛事接待服务提供商紧密结合,通过沟通协调,实现活动接待服务供需平衡,为活动创造优质服务和优美环境。

比赛组织和接待服务是决定体育赛事成败的两大核心。体育赛事接待服务是体育赛事后勤保障体系的重要组成部分。它贯穿于整个赛事安全流程,是体育赛事管理和运营组织必须承担的主要责任之一。

(二)体育赛事接待服务的特点

体育赛事的接待服务不同于其他体育赛事和其他会议活动。其特点是:

接待服务中有很多量化指标,如住宿房间的数量和规格;用餐排队时间长短;车辆配置的数量等,它们的优缺点都将清楚地显示出来。

接待服务是人与人、人与物、人与物之间的特殊关系。不同对象的接待模式也不同,使接待服务成为活动运作中矛盾频繁、多发的职能领域。

接待服务对象众多,尤其是大型活动,几乎所有的接待设施和服务人员都是满员、超负荷的。

比赛的结果关系到运动员本身及其团队的利益，从而导致更激烈的竞争。由此产生的矛盾和冲突将给体育赛事的接待带来更大的压力。

媒体不仅会关注体育赛事本身，而且往往会将体育赛事接待服务变成一项公众事件。

（三）体育赛事接待服务的发展趋势

随着市场营销和体育赛事营销功能的不断完善以及社会对服务质量要求的不断提高，体育赛事接待服务出现了新的发展趋势。

1. 成本—效益意识

在体育赛事的传统运营中，接待服务被视为支出成本的功能领域，无法为赛事创造经济效益。活动接待服务往往不注重成本控制，片面追求高接待标准，导致不必要的浪费。随着与国外成熟活动管理和运营机构的沟通增加，以及国家商业环境的日益发展，国家赛事管理运营机构在接待服务中的成本—效益意识也逐渐增强。

第一，加强接待服务的成本预算，提供充足的接待服务。所谓适宜性，就是根据竞争的时间、人群、地点和规格来制定接待模式，而不是盲目追求高品质和奢华。例如，如果举办名人高尔夫邀请赛是为了促进商业交流，那么提供的服务必须以豪华奢侈为标准。但假如是公益性的赛事活动则应该以简单、干净、舒适为主。

第二，它加强了主办服务市场的发展，即接待服务也被视为创造活动效益的领域之一。例如，在选择餐饮供应商时，除了考虑餐饮供应商的资质、规模和能力外，还应考虑供应商在市场开发和品牌推广方面的需求合作。

2. 接待服务的信息化

体育赛事接待服务一直是一个“劳动密集型”的功能领域，需要大量员工完成接待对象的各项服务，随着互联网、可视电话、赛事管理信息系统等信息技术的应用，许多必须手工完成的工作现在通过计算机互联网完成，这减少了员工数量和负担，提高了工作效率。例如，接收对象的信息和要求可以通过互联网快速传输给事件管理组织。又如，运动员可以在配备有计算机网络和宽带的酒店房间轻松查阅比赛信息和日常需求。

（四）体育赛事接待服务工作程序与内容

1. 体育赛事接待服务的一般步骤

（1）加强组织协调

统筹协调开展赛事接待服务工作，拟定《接待服务经理工作准则》，明确接待服务经理工作职责和信息工作要求。召开接待服务团队经理会，研究接待工作的落实、协商解决问题的方案，协调公安、卫生部门重点指导解决了保安监控设备、保安人力不足、供电、卫生检疫等问题。

（2）确立工作重点

A. 加强住宿安全和食品安全监管

以服务运动员为出发点，在参考奥组委运动服务部制定的《接待服务工作方案》的基础上，制定了有针对性的《接待服务工作标准》，对接待方案进行细化，进一步明确了接待服务规范和具体工作要求，确保赛事客人住宿接待安全有序。餐饮服务是接待工作的重点之一。针对食品过敏源问题市旅游局特别要求接待饭店采取相应的服务措施，准备《客人禁忌食物调查表》，详细了解每位客人的饮食习惯和个人食物过敏源，餐台上的菜签都有烹饪原料的标注，保证客人用餐安全。严格执行赛事组委会的有关规定，要求供货单位专人专车送货，对购入食品原料索证索票率达到100%，严把进货质量关。对餐厅所有食品及酒水饮料进行严格的质量控制，依据所进食品保质期的长短、相对集中购进食品，保证食品的质量和安全。

B. 提供个性化服务

认真按照《接待服务工作标准》的要求落实各项服务。与公安、消防、卫生、交通等相关服务专业部门联合举行了前期的服务和应急演练，检验准备工作和专项服务的衔接。接待服务工作在规范化服务的基础上，注重细节，讲求实效，做好个性化服务。例如，客房为身材高大的运动员加设床凳；细致观察客人的需求，及时为客人增添健身设备，为客人代购特需的商品；为伤病运动员准备拐杖，调整房间方便出入；为了方便运动员了解比赛信息和运动队日程安排，为每个运动员楼层增设了信息栏，同时将运动员楼层的套间布置为会议室，便于教练召开会议等。根据接待不同国家运动队的情况，按照奥组委模板菜单合理调整菜肴花色品种，运动员和裁判员对菜品供应非常满意。运动员赛后返回饭店的人数和时间常 常不确定，饭店随运动员的需求调整开餐时间，有时一餐要开两次，有时开餐时间要延迟到夜间 11 点，但不论有什么情况，都能保证运动员用好餐。把尽可能满足客人的个性需求，作为服务工作的重要环节，全神贯注做服务，细致入微送真情，各项服务优质完美。

(3)加强接待服务监督检查

在赛事住宿接待工作期间，督导检查接待服务、设施设备和环境布置准备工作的落实情况，重点检查了安全保卫、食品卫生和西餐服务中质量，进行了西餐菜品的试餐。并前往各区县和比赛场馆，协调公安、消防、交通、卫生、医疗、市政、外围保障及志愿者队伍等管理服务部门的协作，完备接待人员与相关部门的工作衔接，迅速高效解决工作中出现的难题，有效保障接待工作顺利进行。

(4)建立信息渠道

保证参赛队住宿、餐饮服务工作安全、高效、有序坚持信息报告制度，明确情况报告是服务接待经理的重要工作内容，要求各赛事接待服务经理必须每日填写《接待服务团队运行日志》和《接待服务团队每日运行报告汇总表》，及时搜集反馈驻地客人对接待服务程序的意见和建议。在赛事接待期间，接待服务经理与场馆的竞赛部、接机车辆的调度人员保持高度紧密的联系，反复确定各国代表队抵达机场的时间、人数，以及比赛期间参赛队行程安排等，使能够及时调整服务安排，满足参赛队的需求。

(5)对志愿者培训及管理

各接待服务团队对参加各赛事的服务志愿者的知识和服务技能的培训十

分到位，培训主要内容为：接待服务工作流程、服务常识、礼节礼貌，应知应会等，同时特邀负责体育竞赛、交通服务、安全保卫的负责人讲解竞赛知识、交通服务流程、住地安保事项，并对志愿者进行了书面考核。志愿者在工作中纪律严明，工作能力较强，保证了赛事接待服务顺利进行。

（6）赛后评估

赛事结束后，要对接待服务情况进行评估，总结经验或教训。对接待服务情况进行评估，既是对接待服务工作人员进行绩效考核、表彰奖励的需要，也是为以后赛事的筹办积累经验。[①]

2. 体育赛事接待服务的机构设置

赛事接待服务的机构设置需要从体育赛事接待工作的实际情况出发，对赛事接待的工作量进行估计，有基本的工作思路和要求，有这种情况下开始构建具体的机构、职位，并配置合理的人员。如果赛事规模比较小就可以采用简单的赛事接待服务。如在接待部门以下就不再设置其他的分支部门，由接待部门对赛事的接待服务负责，他们要把参赛人员的食宿交通等作为自己的工作内容，通常对部门人员各自承担的接待职责没有明确划分，强调整个部门的团队合作。

当赛事超过一定规模时，单一的部门组织结构由会因为缺失工作人员之间的明确沟通，并且决策相对过于集中于少部分管理者，无法在众多繁杂的工作达到一定有效的工作效率，所以就可以采用智能型的组织结构。例如，在接待部门内部设部分设处室，工作人员被安排到具体的接待服务工作领域，避免权责的重复；同时，决策权可以根据实际情况一定程度和范围上由各处室承担，加快工作效率；此外，这样的组织结构也便于随着赛事的筹办进程，对职能处室进行增减，例如，赛事筹备的初期阶段可能无需设交通管理处，但临近赛事时，这一职能处室则是必需的并且应该处于相当关键的地位。

如果是大型综合性赛事，由于接待对象人员数量相当多，人员结构、层次复

① 《好运北京 2015 体育赛事接待服务工作总结》。

杂,有时应采用矩阵型组织结构,按照接待服务中的具体职能进行处室设置,一方面根据不同的接待对象配置具体职能进行处室设置;一方面根据不同的接待对象配置具体的管理人员。如大型综合性赛事接待服务部门的矩阵型组织结构,上部排列的是住宿、餐饮、交通等职能,但在纵坐标上增加了各类接待对象,如竞赛人员、政府官员、媒体记者、赞助商等,每一类对象由专人负责接待工作,他将为其负责的类别从各职能处室抽调相关人员。这样在横向的增加纵向坐标的结果,就是将接待职能和接待对象的因素结合起来,兼顾了简单型组织结构和职能型组织结构的优点。

筹办赛事时都要将所有接待工作内容分类划分为几大部分,明晰职责,分工负责。对上搞综合协调(主办方、负责人等)、对下分解任务(工作组、各个部门单位)、对内统筹运行(整合资源、合理运转)、对外沟通联络(各种信息、需求等)。①

3. 体育赛事接待工作的主要内容

(1) 住宿服务

主要内容包括住宿酒店类别的确定;根据各种接待项目的数量、规格、到达和离开时间确定接待酒店;根据住宿时间、地点和比赛项目的接待项目需求,安排接待酒店;制定接待酒店的服务标准,包括酒店接待服务规范、客房卫生设备的标准布局、酒店设施的使用规定、着装规范、语言服务人员的行为规范,消防安全方案、24 小时服务管理系统等,并分发至接待酒店;组织与酒店相关的员工培训;对接待酒店附近进行环境布置。

(2) 餐饮服务

要提供优质的餐饮服务,首先要确定各类接待对象的用餐时间和饮食习惯,并尽可能了解其餐饮需求。

用餐时间也可以根据不同的接待对象进行区分。例如,在为记者组织宴会

---

① 解利云:《浅论如何做好大型会议(活动)的接待工作(上)》,《鄂尔多斯日报》2021 年 12 月 6 日第 3 版。

时，应注意记者的工作时间非常长。只要新闻中心不关闭，记者驻地必须继续提供餐饮服务，运动员的用餐时间必须与工作时间安排相结合。

饮食习惯与接收对象的民族、信仰、地域等诸多因素相结合，首先询问他们的饮食习惯，然后制订详细的饮食计划，注意不同接收对象的饮食禁忌。

通过了解接收对象的餐饮需求，然后选择供应商。选择的供应商必须根据实际事件情况确定。小型体育赛事可通过询价、比较、交易、商谈等方式进行选择，大型体育赛事可通过招标、赞助等方式进行选择。在选择食品饮料供应商时，要注意与医疗卫生部门合作，确定食品饮料的卫生标准，识别食品饮料供应商的卫生资质；当涉及大量餐饮公司时，需要与本次活动的市场开发部门合作，争取餐饮供应商对本次活动的赞助。

（3）欢送服务

接待和咨询服务需要制定详细的迎送工作方案。该计划的内容通常包括接待对象的到达和退出时间、位置配置、团队外的接待和展示、交通安全、迎送路线和欢送要求等。

收发服务成功的首要前提是信息的准确性，即必须准确获取各类接收对象的到发时间、地点、车次、车次、变更、人数等信息，如有未知情况，我们应该提前通过电话、传真和其他方式进行检查。

车站指挥员应驻扎在火车站、汽车站和机场的接送点，根据预期接待和查看工作量组织人员，并配备欢迎标志、鲜花，应尽快通知站长和人员的联系信息，以保持沟通顺畅。

（4）运输服务

交通服务是指为接待对象提供便捷的交通服务，主要包括活动期间各接待对象的车辆需求及其对中转车票的需求。

运输服务的工作包括制订运输服务的运营计划；组织为活动运营收集多辆结构车辆；二级或招聘司机，制订司机服务手册和司机培训；根据接收项目类别分配的工作车辆和服务车辆；制订车辆使用和行驶路线的有关规定；制订公交车票持有者工作计划，配合铁路、航空服务实施各种接待对象的公交车票等。

一般来说,小型活动将把交通管理职能转移到接待部门,而大型活动则需要当地城市交通管理部门、航空、铁路等部门的协调,在活动运营管理组织中,通常会设立一个独立的交通管理部门。

4. 接待服务部门与赛事运作管理机构内外部的合作

(1)与赛事运作管理机构内部其他部门的合作

在接待对象类别及数量的调研摸底上,要与赛事运作管理机构的各部门沟通,了解各部门对口接待对象的住宿、餐饮、用车、中转票务需求,以及赛事运作管理机构工作人员的餐饮、用车需求。比如,需要在新闻宣传部门的配合下,了解参加赛事的媒体记者的接待需求;在市场开发部门的配合下,了解赞助商的接待需求等。在工作实施中接待部门加强和其他部门合作,并对参与接待的人员进行专业培训。此外,由于接待服务工作中涉及众多固定物产的购置或借用,需制订固定物产处置计划。

(2)与赛事运作管理机构外部组织及人员的合作

体育赛事接待服务工作量巨大,并需要各种软、硬件服务设施,运作管理机构的接待部门不可能将所有接待服务工作“一手包办”。所以在举办比赛过程中与外部联系最多的就是接待部门。对于大型赛事而言,接待部门常常要与政府机关、宾馆、餐饮饭店、食品公司、饮品公司、快餐服务公司、铁路部门、航空公司、公交公司、汽车服务公司、旅行社等众多组织进行协调、沟通与合作,来完成千头万绪的赛事接待服务工作,在于外部组织及人员的合作中,要慎重选择接待服务提供商。在选择方式上,可以是洽谈或者公开招标,要依据赛事运作管理机构的有关规定及不同方式的成本考虑。例如,公开招标有利于促进投标单位的竞争,争取更为有利的服务价格,但可能会需要花费更多的时间、资金组织招标工作。确定了接待服务提供商后,要注意合同细节,详细规范双方的职责,明确各自的权利义务,避免可能出现的法律、经济风险。如图 5－6－1 所示。

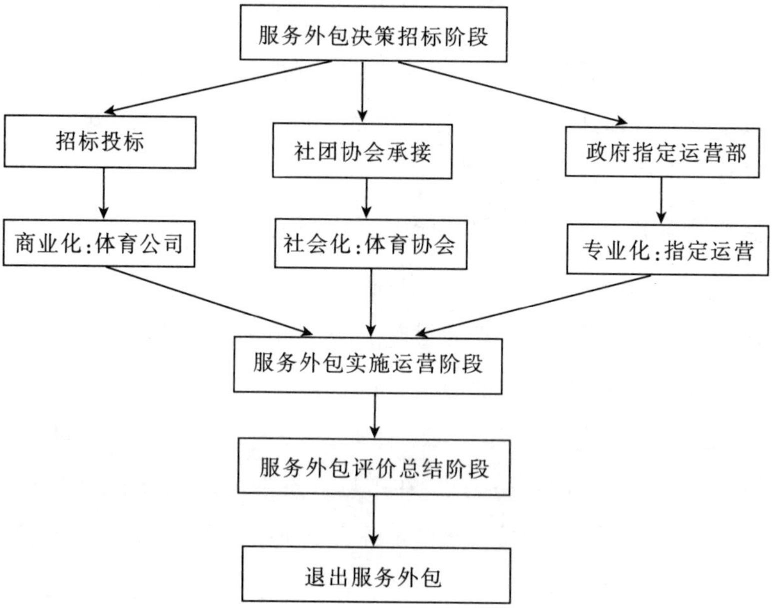

图 5－6－1　体育赛事服务外包过程①

二、体育赛事的安全保卫

（一）体育赛事安全保卫的定义和地位

体育赛事的安全保卫是指对体育赛事的比赛、重大活动现场、驻地及其他场所提供安检、交通疏导及消防应急等服务，保障赛事相关人员和赛事相关设施安全等工作的集合。

通常赛事运作管理结构需要完成很多项预计的工作任务才能实现体育赛事安保的战略目标，所以安保即是赛事成功举办的根本保障，又是赛事成功的主要标志之一。

除了警方需要注重体育赛事的安全防卫，还需要赛事的组织者以及和赛事

① 王亚坤、武传玺:《我国群众体育赛事服务外包研究》,《体育文化导刊》2018 年第 8 期。

相关组织者的重视。安全防卫是一个整体性的问题,不是仅仅是在某一方面的单独问题,每个人都应该有积极参加并保障安全的责任和义务。

(二) 体育赛事安全保卫工作程序与内容

经常在各种体育活动中发生许多意想不到的事件,其特点是突然性和缺乏信息、危险性和传播性,以及多方面性。应急管理机制具有时效性和有效性、复杂性和局限性等特点。近几十年的突发事件分为自然灾害、事故、公共卫生事故五类,社会福利事件,公共秩序事件。

参加体育比赛的有运动员、教练员、裁判员、观众、媒体、官员等团体以及相关设施、设备,人多、生活条件艰苦、人员范围广,决定了安全风险的高水平。任何安全故障或事件,如果出现管理故障,都会引起公众广泛的不安,甚至导致"失败"。因此,竞技体育的安全性直接影响到竞技体育的成功运作和管理形象。

(三)现代体育赛事安全的特点和趋势

体育竞赛本身的激烈竞争和对抗,以及现代社会的流动性和复杂性,使得体育活动中的风险增加。确保体育比赛的安全是当务之急。现代体育赛事安全保障的特点和趋势表现在以下几个方面:

1. 逐步扩大体育比赛的安全保障范围

今天,体育不再是以前被视为一个单独概念的体育,而是社会上的体育,世界性的体育,人类的体育,它对政治有着非常深远的影响,经济、文化、社会、体育和健康领域。它们还涉及非常广泛的领域,如社区、城市安全、公共交通管理、信息安全,是人防、技防、物防的集合。

2. 体育赛事中高科技含量不断增多

随着科技的进步,以及与国外比赛组织者的交流,体育安全保障领域高新技术的技术含量逐步提高,这在大型综合性比赛中占有中心地位。电子安全系统、电子计票系统、城市智能交通系统、网络报警系统、摄像机、红外热成像仪等。例如,所有的开幕式装备和记者采访设备,除对所有参加开幕式的人士进行例行安全检查外,必须使用特别的 X 光机进行教育;出席开幕式的有 8 人,大厅里有 200 只“电子眼”,可以准确地看到观众对面的表情。

3. 体育赛事安全保卫的投入日渐升级

随着竞技体育安全保障领域的逐步扩大,高新技术的迅猛发展,显示出人力资源的增加,用于体育安全保障的物质和财政资源的不断升级。例如,在雅典,希腊政府在 2004 年支出了 116 亿欧元,用于改善公共卫生服务,而 2008 年奥运会的安保支出为 13.9 亿美元。例如,第九届全国奥林匹克运动会开幕时对安全的贡献。当天傍晚,在开幕仪式的广东奥林匹克中心体育场,六百多名民警对可疑人员和物品进行了更严格的安全检查,在体育场和便衣民警看台上,以及在他们控制道路交通和消防紧急情况的场地上,实际上有一万多人参加。庞大的安全保障体系的经济性和实用性开始引起人们对赛事管理结构的关注。

4. 体育赛事安全保卫中人文化因素的增强

高技术严密的比赛安全保障体系,降低了比赛的安全风险,有时也会给参与赛事的人员带来不便。强调以人为中心的体育竞赛的安全性正成为一种新的趋势。确保人的安全需要根据不同人口群体的不同需要提供有针对性的服务。对于体育赛事的观众来说,球场往往是个人或家庭娱乐的场所,除了享受比赛外,他们还有其他需要,与饮食、休闲、购物等有关的需求。而且警卫应该为他们提供行动的便利,而不是让他们感到被剥夺了进入大厅的自由。而且媒体记者是比赛的重要参与者,为他们提供最为便利的安全通道。

5. 制订安全保卫总体计划和方案

为了拥有高效运行、严谨有序的安全保卫效果,赛事的运作管理机构需要做到借鉴其他比赛的经验教训,结合本次比赛的实际情况然后再制订赛事安全工作的总体计划及方案。

在制定赛事安全保卫方案方面有以下建议：

第一，要求建立更高效率的指挥部门。

第二，要求积极获取更多有效的信息。

第三，要求处理突发情况灵活果断。

第四，要求媒体控制舆论导向。①

我们应该对于重要赛事环节和区域分别制定出详细的安全保卫方案和处理突然发生事件的应急预案，这是我们在制订赛事安全保卫总体计划的前提。

（1）基于安全形式科学制定赛事安全保障管理制度和经费预算

在赛事开始之前就要提前准备制订安全保障制度，树立正确的安全意识，对于赛事中可能出现的突发情况做出应对措施，包括安全保障的经费预算。

（2）分析安全形势、培训安保人员、构建系统化安全网络

加强对可能出现的安全问题做出预测和分析，安保做到“全方位、严密、深入”，加强人防、安防、技防相结合的系统化安全网络。

（3）充分运用现代化安全保障科技

对于电子化、智能化、数据化应尤为重视，他们能够弥补传统手段带来的不足，实现计算机、信息网络，科技防卫的有效结合。②

6. 安全保卫工作的机构设置

安全计划和方案必须由优秀的组织机构和高效的工作人员实施。体育赛事的运营和组织应合理设置安保部门，并雇用专业人员，即使是小型活动，也应至少设立专职安全工作人员。对于大型全球活动，安全部门可根据职能分工设置处室。

无论是大型活动还是小型活动，安全工作都必须始终遵循高效、流动、集中、统一的原则。还要建立严格的安全管理制度，包括工作制度、会议制度、文件处理制度、材料监督制度、保密制度、财务制度、印章管理制度等。

---

① 孙贺亮：《处置大型体育赛事突发事件的组织指挥研究》，《军事体育学报》2014 年第 33 卷第 3 期。

② 王春东：《新时期国内大型体育赛事安全保障研究》，《法制与社会》2017 年第 22 期。

在活动安保组织结构建立并配备人员后，应制订并实施安保培训计划。一方面是关于基本安全培训，包括事件知识、事件标签等；另一方面，它是针对安全人员执行的具体职能的职业培训，包括应急救援、现场疏散、应急处置、现场安全检查规范等。

（四）安全保卫部门与赛事运作管理机构的内外部合作

1. 与赛事运作管理结构内部其他部门的合作

安全保卫部门与其他体育赛事工作服务部门统筹协调，与赛事管理服务的其他职能服务部门保持沟通，并及时协调各种安全工作问题。

关于新建、改建和扩建场馆的安保配套设施上面，应与现场施工部门合作，检查交通、消防和现场通信等安保设施，要求场所按照安全支持设施的规则进行建设和改造，并及时解决潜在的安全风险。

对于安全所需设备的采购，应与负责供应或供应材料的服务部门进行沟通，安全服务部门应制定与设备相关的规则和要求，并进行严格的检查和验收。

在竞赛安保方面，应与竞赛相关部门合作，竞赛部门尽快向安保事务处提供建筑物的竞赛方案和其他重要活动信息。如有变更，应及时通知安全部门，以便安全部门根据竞争协议组织和调整安全力量。

在提高活动和社会相关人员的安全意识方面，我们应与信息和广告服务部门合作，根据活动筹备的进展和实际需要，针对不同群体开展安全宣传活动，并尽快发布安全公告，如开幕式交通管制公告，等等。

关于酒店和餐厅员工驻地的消防和安全，与后勤保障服务部门合作，在后勤保障服务部门的协助下，对驻地的消防进行安全检查，要求负责接待的部门提供关于参与者的准确和详细信息，并根据数据确定不同地区的安全级别和安全保卫力量的布置。

关于自愿培训安全知识和自愿参与安全工作方面，与人力资源部（或志愿者管理部）合作，为所有志愿者提供基本安全培训，并根据安保服务的需要和需要选择一些志愿者。

在与活动相关的大型活动（如开幕式和闭幕式）的安保方面，与活动部门进行大规模沟通，根据活动制度对特定的安保系统进行个性化设置，并要求活动部门大规模提供参与活动的口译员的详细信息，并对工作人员进行适当管理。

关于活动赞助商商业活动的安全，其与市场开发服务部门进行沟通，呼吁市场开发服务部门尽快提供赞助商的详细商业计划，安全服务部门应审查活动的安全问题，并指派足够的安全力量。

关于安保工作的财务担保，应随时通知金融服务部门，担保服务机构应尽快将金融担保余额传输给金融服务机构，金融服务机构应批准并接受金融服务机构的监督。

此外，安保处还与办公室和行政部门保持良好的沟通与合作，以确保妥善开展安保工作。

2. 与赛事运作管理机构外部组织及人员的合作

安全保卫部与赛事运作管理机构外部的合作主要在两方面，一方面是政府有关职能部门；另一方面是安全保卫设备供应商。前者主要包括公安、交通、消防、通信等部门，后者则包括安检器材、交通保卫设施、消防器材、通信器材供应商等。

除此之外，现代的大型体育赛事由于内外部环境越来越复杂，体育赛事运作管理机构只依靠自身的安保技术和力量往往心有余而力不足，因此日益重视开展与国内外专业的安全保卫机构进行合作，充分吸收和借鉴成功经验，学习和运用新的安全保卫技术。

（五）体育赛事其他保障工作

1. 体育赛事供电、供水保障工作的定义和地位

为体育活动提供能源、供水和卫生设施意味着组织和协调不同机构的工作，从事体育活动、电力供应、供水、现代化建设的单位，维修与体育赛事有关的比赛场地、住宿设施、办公室及主要设施，以及在比赛期间组织和调试供电、供

水、安全和供电系统;确保足够的水,确保比赛的顺利进行。电力和水供应是体育活动后勤系统的一个组成部分。

2. 体育赛事供电、供水保障工作的组织

体育比赛在不同的机构举行,这些机构根据体育需要建立电力供应、供水、排污服务,协调、检查、监督供电和供水服务的办公室或专业人员。在大型比赛中,经常有专门的电力供应、供水、现场安全等服务。

由于供电和供水工作的技术性质,处理这些问题的人员必须他在电力供应、操作和维护方面拥有丰富的知识。

电力及水供应人员须接受有关比赛场地、电力供应、操作等方面的训练,操作和维护供水设施,熟悉水电系统,以及提高处理供电和供水系统运行过程中意外事故的能力。

3. 体育比赛供电供水工作的主要内容

为体育比赛提供电力供应和供水的两个主要目标是确保体育赛事的供水和水电供应安全。为达致上述两项目标,电力及水务部门的主要工作范畴是:

(1)控制电力、水利工程的建设、改造和维护

建造新设施、场馆及重建旧建筑物及设施,将包括兴建电力、兴建水利设施,包括建筑、改造和维修.供电、供水、安全部门应当指导和检查竞赛区域内的电力和水利工程建设,确保遵守电力和水的安全使用要求,了解电力和水的施工进度,确保工程完成,并抽出足够时间进行试工。

(2)在比赛准备和进行期间制定供电计划

确保所有参赛者在筹备过程中有不间断、稳定及充足的电力及饮用水供应;比赛期间,为比赛场地提供电力和供水,并成功举行开幕式,关闭和其他重大活动。

(3)指导和控制比赛区域的用电和用水安全

对各类场所的电、水安全使用情况进行定期检查和专项检查,工作人员宿舍和运营管理部门,及时发现使用电力和水可能造成的安全威胁,监督有关单位工作并进行整改检查,消除隐患,确保用电用水安全。

三、体育赛事的医疗卫生保障工作

(一)体育赛事医疗卫生保障工作的定义和地位

体育赛事的医疗卫生保障工作是在赛事的运作管理过程中,以提供安全、卫生赛事环境为目标,开展有关卫生监督、医疗救护、疾病控制、医疗保健等方面工作的集合。

医疗卫生保障工作是体育赛事后勤保障体系的组成部分之一,是赛事顺利举办的重要保证。

(二)体育赛事医疗卫生保障工作的组织

根据体育需要,体育管理部门设立医疗保险服务机构、分支机构或专门机构,为体育活动提供医疗服务。大型比赛经常设置专门的医疗保险服务,其中的职能分为医疗救助、卫生监督服务,预防和治疗疾病、医疗保健等。

医疗保障必须配备具有经验的合格的人员,包括医务人员、医疗监督、疾病控制人员等。对医疗人员进行培训,熟练掌握基础理论知识、常见的赛事突发事件的急救处理以及熟练地使用卫生检测仪器等。

(三)体育赛事医疗卫生保障工作的主要内容以及建议

体育赛事医疗卫生保障工作的目标主要有四点:

第一,保证赛事人员身体健康、为赛事人员提供高效的医疗救助。

第二,通过卫生督察,保证赛事安全、优质的住宿环境以及饮食卫生。

第三,杜绝或减少疾病传染源,预防疾病传染。

第四,保证能给接待对象提供医疗保健服务。

为实现以上目标，医疗卫生保障部门的工作内容主要包括：

1. **医疗救护**

主要包括院前急救与院内医疗之间的有机联系。主要医疗救助场所有开放、关闭等相关重要活动场所、比赛和训练场、客宾馆等。此外，在比赛开始前，必须事先选择并确定哪个医院负责医院的治疗。

对于开赛、闭幕等相关重大活动现场医疗救护，赛前，获取活动的完整信息，包括时间、地点，人数、通道等。在活动现场的适当位置，标志必须醒目，现场必须有医疗设施，提供足够的救护车和医护人员。在比赛场馆和训练场设立医疗站，配备特定比赛项目的医疗设施和医疗救护资源。24 小时值班在寄宿旅馆进行，医务室或医疗小组视实际情况而定。住院医院应指定专职协调人，由工作人员、物资、设施和设备全部组成，随时准备就医。

2. **卫生监督**

为了进行这些检查，必须制订一项卫生方案，饮水及环境卫生计划及公众卫生计划根据计划及方案进行卫生检查工作。确保所有参赛者的安全卫生，与接待服务机构合作，为举办比赛签订餐厅、宾馆卫生服务责任书，并对提供餐饮、住宿服务的人员进行卫生知识培训。

在接待餐厅、寄宿酒店和其他接待机构进行定期的卫生检查和指导，早期发现和解决安全卫生问题。场地周边、清除卫生死角，确保环境安全卫生。

3. **疾病防治**

主要是赛前和对传染病防治活动，需要制订工作方案，如性传播感染预防方案、杀虫剂控制方案、食品中毒预防方案，运动会期间酒店和餐馆的传染病和饮用水污染事故。

举办比赛前，必须对地方政府或社区政府管辖地区的环境进行综合整治，加强比赛场地传染病疫情的定期检测，建立药品储备和诊断设备，预防和消毒传染病。

比赛期间，要建立传染病疫情专项报警系统，定期通报，采取紧急措施控制疫情或蔓延，及时采取有效措施予以控制。

4. **医疗保健**

在比赛过程中，必须为一些赛事参观人员提供医疗服务，主要是参加比赛的贵宾，使他们能透过有效的医疗服务，有效地与公众、商界沟通，进行外交活动。提供医疗服务的医生需要熟练的医疗护理、高度的责任感和一定的沟通水平。在住院医院设立的医疗站，如条件许可，必须提供绿色通道。

对此，我们对于赛事的医疗保障提供几点建议：

第一，医院应为比赛提供全方位的医疗保障。

第二，建立应急医疗救护组织的应急预案。

第三，加强后勤保障，为救治伤员创造有利条件。

第四，加强医务人员的培训。[①]

四、体育赛事的通信保障工作

（一）体育赛事通信保障工作的定义和地位

体育赛事的通信保障工作是指赛事运作管理机构组织和协调邮政、固定电信、移动电信、寻呼等邮电通信服务商，保持赛事相关人员内外部沟通的渠道顺畅，保证赛事的顺利举行。通信保障工作是体育赛事后勤保障体系的组成部分之一。

（二）体育赛事通信保障工作的组织

根据比赛需要管理体育比赛，设立通信保障部门或专职工作人员，负责比赛中的通信。由于通信保障工作的纯技术性，具体的比赛通信保障工作一般都是

① 夏云、汪志明、卢清：《为大型体育赛事提供应急医疗保障的实践与思考》，《中国卫生资源》2008年第3期。

由邮政和电报通信服务部门执行，而通信服务部门、部门或机构内的专门工作人员，负责比赛事务的人员主要负责通信工作的综合管理和电信服务的监督。通信保障人员需要一定的通信保障和经验，需要更好的协调、控制和应急响应能力。

（三）体育赛事通信保障工作的主要内容

体育赛事通信保障工作的主要目标是保证参赛及相关人员的通信畅通，提供优质电话信号、网络、Wi－Fi 等服务。体育赛事通信保障工作的主要内容包括：

1. 通信设备的保护

防止在场馆建设中因施工而损坏了通信电缆的问题，同时在安全保卫部的配合下，对其他恶意破坏通信电缆的违法犯罪行为进行防止、控制和惩处。

2. 通信容量的保障

在移动电信服务商的配合下，调查评估赛事通信容量，尤其是峰值容量。根据容量需要制定通信保障方案，必要时设置基站或安装信号发射器，保障赛事及相关重要活动的通信畅通。

3. 通信服务网点的设置

根据赛事对固定电信、邮政服务及邮品的需要，在场馆、驻地及周边地区设置服务网点，提供室内电话、长途电话、IP 电话、纪念邮品发售及信件包裹邮寄等服务。

（四）体育赛事的信息系统保障工作

1. 体育赛事信息系统保障工作的定义和地位

体育赛事信息系统，是体育赛事电子信息服务系统的简称，包括基础网络系统和应用服务系统，其中基础网络系统包括骨干网络系统、本地网络系统、场馆网络系统和枢纽工程建设；应用服务系统包括人员注册系统、竞赛信息系统、仲裁录像系统、指挥调度系统、通信服务系统以及多媒体查询系统、办公系统、电子商务系统等方面。

使用现代化信息技术,建立和维护体育赛事信息系统,一方面有利于提高赛事运作效率,另一方面也能提高赛事运作质量。信息系统在体育赛事运作中具有广泛的服务范围和影响力,是运作管理机构内部工作人员和外部公众包括媒体、供应商、运动员、关注等获取有效信息的重要系统。如现在的5G高效直播5G+8K的超清转播、5G+VR的转播还原真实现场等信息系统保障工作是赛事运作顺利进行的不可或缺的部分。①

2. 体育赛事信息系统保障工作的组织

体育赛事运作管理机构根据赛事需要,设置信息系统保障部门、处室或者专职人员,负责信息系统保障工作;由于信息系统建设与维护是相当复杂的系统工程,通常需要与网络运营商、网络工程公司及软件服务公司合作,或者聘请专业的技术顾问来保证实现预期目标。

3. 体育赛事信息系统保障工作的主要内容

(1)保证赛事信息系统运行畅通

体育赛事信息系统是以竞赛组织为中心的现代化竞赛运作管理工具,因此运用一切技术从而来保证比赛期间信息系统的正常运行是信息系统保障工作的核心。包括计时计分、现场成绩处理、综合成绩处理、综合成绩查询等系统的无故障运行。如果无法保证这些与竞赛信息相关的信息系统运行,那么其他的诸如新闻宣传、观众服务、内容协调的功能也就失去了存在的基础和意义。

(2)保证赛事信息系统的安全

信息系统增进现代体育赛事运转效率和质量的同时,也引起了许多安全风险。这些风险来源于系统自身和外部两方面。前者是由于系统本身设计、安装、运行方面的缺陷、漏洞,可能导致信息系统运转中错误的产生,后者则是某些恶意及不法分子对赛事信息系统的攻击,轻则营销信息系统正常运行,重则导致系统瘫痪,引发巨大损失。因此,要通过技术防范和严格管理两方面的工作来加强对赛事信息系统的安全管理。

---

① 刘志恒:《5G时代体育赛事转播技术的发展与创新》,《新闻世界》2020年第10期。

（五）体育赛事的气象保障工作

体育赛事的气象保障工作是指通过对赛事举办地历史气象数据的分析，对赛事举办时间段进行天气预测，向赛事主办单位建议合适的赛事日期，同时为赛事和赛事相关活动提供气象服务。对于大型综合性赛事而言，可在适当条件下通过科技手段，对大气进行人工影响，以保证赛事重大活动如开幕式的顺利进行。气象保障工作是体育赛事后勤保障体系的组成部分之一。

1.体育赛事气象保障工作的组织

体育赛事运作管理机构根据赛事需要，设置气象保障部门、处室或者专职人员，负责气象保障工作。大型综合性赛事常专设气象保障部门。

气象保障工作是技术性极强的工作，常常采用从气象部门借调人员的方式来配置工作人员，以保证对专业知识和技术能力的需要。

2.体育赛事气象保障工作的主要内容

体育赛事气象和保障工作的重要目标，一是向赛事各项比赛及赛事相关活动提供及时、准确的气象预报服务；二是帮助选择赛事重大活动的举行时间，并尽可能保障重要活动和比赛当天没有降水。气象保障工作的主要内容包括：

（1）气象服务

向竞赛及赛事相关活动提供气象实况信息、天气预报报警现场天气预报报警、环境气象监测等气象服务。

（2）天气保障

准确预测重大活动当天天气，制订相应的应对计划和方案。有实际需要且条件允许的情况下，对人工消雨方案进行可行性论证并制订方案，培训人员，进行演练，为重大活动的天气进行保障。

对于体育赛事的气象保障主要从四个方面展开：

第一，准备期：需求调研、方案制订、系统建设、团队建设。

第二，演练期：对系统、设备、流程进行演练。

第三,实战期:围绕开幕式、赛事的各个阶段实时跟进。

第四,总结期:进行效益调研、评价总结。①

第七节　体育赛事中的主要风险

一、体育赛事风险的含义

体育赛事的风险指的是体育赛事在筹备和举办过程中,赛事主办方所面临的不确定性。这种不确定性是客观存在的,不以人的意志为转移。例如,由于天气变化、运动员受伤、球迷骚乱事件、体育器械损坏、火灾或其他自然灾害等,使得赛事主办方在筹备和举办比赛的过程中会面临许多不确定的因素,这些无法预料的事件使得实际情况和赛事举办方的期望目标产生了一定的差异可能给赛事举办方带来种种损失。

二、体育赛事风险的主要类型及成因

根据风险损失作用对象的不同,体育赛事风险可以分为政治风险、经济风险、灾害风险、人员风险及赛事运行风险、场馆建设风险、技术风险、项目风险等个主要类型。

(一)政治类风险

政治风险是指由于恐怖活动、种族冲突、国际冲突等因素,产生了威胁到体育赛事的风险。政治风险包括政治抵制、战争、种族冲突、宗教、恐怖活动、民众

① 王希娟《重大活动气象保障服务分析与探讨》,《青海环境》2017 年第 27 卷第 4 期。

示威等。

（二）经济类风险

随着奥运会经济价值的开发，经济风险也随之增加，根据对以往奥运会经济风险案例的分析，将经济风险归纳为财务风险和经营风险两类。

（三）灾害类风险

灾害类风险主要以自然灾害为主，包括高温、热浪、暴风雨（雪）、雷电、冰雹、地震等。自然灾害可能带来具有非同一般的破坏力。

（四）人员类风险

既包括人为火灾、盗窃、人身伤害等意外事故风险，也包括赛事工作人员相关责任风险。

（五）赛事运行风险

赛事运行风险指赛事日程安排、交通塞、卫生安全、媒体传播等意外情况发生时，对整个赛事所造成的影响。

（六）场馆建设风险

大型体育赛事众多的比赛场馆的建设和维修，是每个举办城市都要面临的重要难题。而比赛场馆如不能按照计划顺利完成，或者在完成过程中偷工减料、应付了事，不能按照比赛要求严格建设或者维修，这就会为赛事的举行带来风险。

（七）技术类风险

技术风险包括专业的兴奋剂检测、信息技术等，操作过程中，都存在一定的风险。

(八)竞赛项目风险

竞技体育运动无论在训练和比赛中的高难度,高强度、高对抗性和高标准决定了体育运动的高危险性,尤其是在大型体育赛事中,由于运动员的压力大、紧张,特别是在一些进对抗性强、竞争激烈的比赛中,运动员发生危险的几率就比较高。

三、体育赛事的风险管理

(一)体育赛事风险管理的内涵

体育赛事的风险管理是指对体育比赛在筹备和举办过程中的各种风险进行识别和评估,在此基础上优化组合各种风险管理技术,对体育赛事风险实施有效的控制和妥善处理体育赛事风险所致损失的后果,以保证体育比赛的顺利进行。

(二)体育赛事风险管理的步骤与方法

1. 制定风险管理计划

制订风险管理计划一般要经历风险识别、风险评估、确立风险应对策略几个步骤。

(1)风险识别是指在预测事件可能会发生的风险,分析事件的各方面的环境因素,找到其相互之间的联系。

(2)体育赛事风险评估应遵循以下原则:

第一,标准原则:评估的设计和具体实施应按照一定的标准进行。

第二,诚信原则:从多角度、多层次、全方位评估体育赛事的风险。

第三,准确性原则:体育赛事的评估必须尽可能真实、详细,以确保评估的有效性。①

(3)事件风险管理人员在对事件风险进行识别和评价后,必须根据事件风险的特点和潜在影响,结合事件目标,选择相应的对策,以减少损失,提高风险控制水平。

2. 赛事风险监控

在事件准备过程中,根据风险管理计划,对事件风险的发生和风险措施的实施进行监控和检查。事件的风险监控有三个目的。第一,它是监测事件的风险情况,如风险是否已经发生,是否仍然存在或已经消失。第二,检查策略是否有效,监控机制是否在运行。第三,不断识别新的竞争风险,并制订相应的有效对策。

(三)风险识别

体育赛事的风险识别不但要识别突发的风险而且还要会识别潜在的风险,纯风险和投机风险都很难识别。在实践中,可以选择以下方法并一起使用。

1. 结构分解法

结构分解法根据其内容和功能将整个体育赛事分解为几个相对独立的小单元。从广义的角度来看,体育赛事包括赛事的提供、准备、组织和赛后:从赛事本身来看,以竞赛计划协议为例,竞赛计划的确定包括每日竞赛计划的确定,每个单项比赛项目和每个比赛项目。因此,将大型体育赛事分解成一个清晰的结构是非常重要的。分解后,每个单元相对较小,功能和资源相对简单明了,有利于发现潜在问题。

2. 风险因素的识别方法

风险因素预识别方法从动态的角度出发,以风险事件过程为标志,从风险

① 霍德利:《体育赛事风险的识别与评估》,《沈阳体育学院学报》2010 年第 29 卷第 6 期。

因素出发,根据整个事件过程和每个交易环节逐一识别每个环节的风险。

3. 事故树法

事故树由几个节点和连接这些节点的线组成。每个节点表示一个特定的事件,连线则表示事件之间的关系。事故树的分析利用了逻辑思维的规律和形式,从因果分析原因。事故树简单、清晰、生动。他的分析结果系统而准确。如果已知每个节点的概率,则也可用于定量分析。图 5－7－1 就是一个体育场看台坍塌事故的事故树。

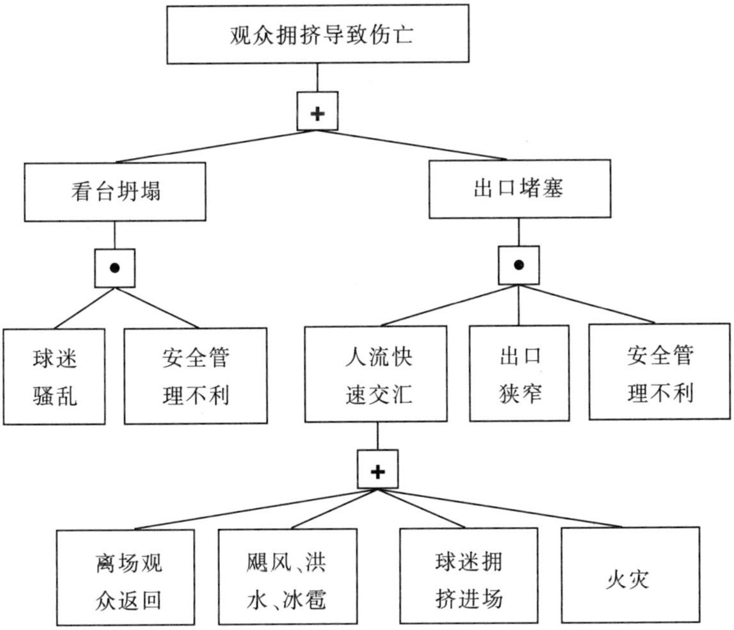

图 5－7－1　观众拥挤导致伤亡的事故树

注:符号“＋”表示“或”,即下面的事件有一件发生,上一层事件就会发生:符号“·”表示“与”,下面连接的事件都发生,上一层事件才会发生。

利用事故树方法识别体育赛事中存在的几种风险是非常重要的。这不仅可以充分发现体育赛事的各种风险和原因,而且有助于对各种风险和原因采取积极有效的措施,对体育赛事的管理具有重要意义,如图 5－7－2 所示。

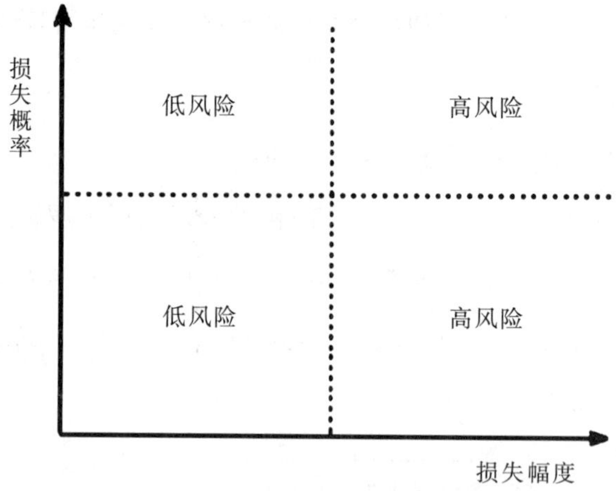

图 5－7－2　**体育赛事二维风险评价图**

四、风险管理措施的选择

根据影响方面的不同，体育赛事风险管理措施可分为两类：一类是控制措施，包括风险防范、损失控制和控制风险转移；二是融资风险，包括：

风险、保险、保险和其他转移合同风险的方式如图 5－7－3 所示。控制措施侧重于风险的预期变化，减少损失的频率或程度，而融资措施随后侧重于经济补偿。

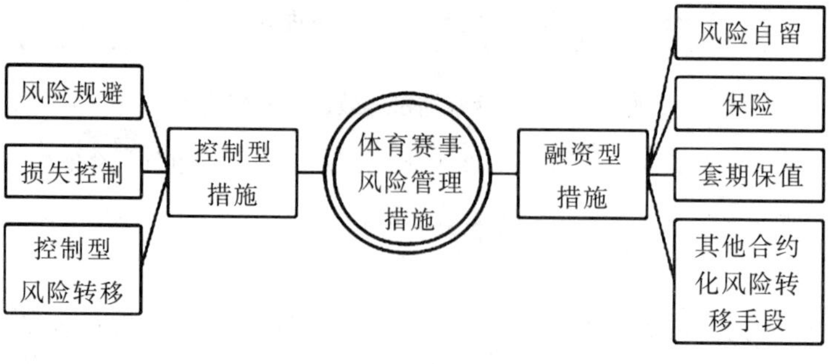

图 5－7－3　**体育赛事风险管理措施的分类**

（一）风险规避

风险规避是指在体育赛事的筹备之前分析该赛事是否存在重大事故的隐患，如果可能造成重大事故，那么就应该取消赛事或者改变举办时间地点等。例如，为了避免恶劣天气的影响，从 1948 年伦敦奥运会开始，体操比赛改在室内场馆进行。

（二）损失控制

是指通过降低损失概率或者减少损失程度来减少期望损失成本的各种行为，分别称为损失预防和损失减少。

1. 安全检查

安全检查有助于降低风险事件发生的可能性。例如，设置路障，经过行人进行安检，安装监控和探测器等。

2. 应急计划

应急计划是常用的损失减少方法，表 5－7－1 显示了 1996 年亚特兰大奥运会对闷热天气制订的应急计划。

表 5－7－1　1996 年亚特兰大奥运会的防暑应急计划

级别	状态	计划
一级	气温接近 32℃	防暑一级准备
二级	气温接近 35℃	须打开水源，急救人员和车辆到位
三级	气温接近 35℃	所有场馆开启降温设备，向观众喷水，发出可能中暑警告
四级	持续高温	所有移动水箱全部打开，空调车在场外待命

3. 培训

赛事举办方应适时地进行人员培训。要提高受训人的风险意识并明确风险的危害，从而达到更强的针对性。

4. 信息管理

保持信息的通畅，不仅可以减少事故的发生，即使已经发生了事故，也有助于迅速施救。

（三）风险转移

风险转移是指赛事组织者有意识地将赛事的某种特定风险通过购买保险、签署合同等方式转嫁给其他组织或个人的一种风险处理方法，又称合伙分担风险。这类风险控制措施主要用于处理那些发生概率比较小，但损失大，或者组织者很难控制的风险情况。这种风险应对策略可以采取两种方式：保险风险转移和非保险风险转移。保险风险转移是指通过购买保险的办法将风险转移给保险公或保险机构（如体育赛事运营管理机构为所有参赛人员购买人身意外险）。非保险风险转移是指通过保险以外的免责协议和套期保值等方法转移风险。例如，向赛事提供交通服务的汽车公司与体育赛事运营管理机构就赛事用车服务签订了固定价格合同，那么汽车公司将承担由燃油价格上涨而引起成本上升的风险。

（四）风险预防

风险预防是指在赛事风险发生之前，采取消除或减少风险因素的措施以达到降低风险发生的概率和减轻损失程度目的的一种风险应对策略。根据帕累托“二八”定律，预防好 20% 的主要风险就能有 80% 的安全把握，因此在所有风险中只有一小部分是威胁最大的。高风险一般是由于风险精合作用引起的，一个风险减轻了其他一系列风险也会随之减轻。在风险预防时，最好将每个具体风险因素都列出来，分析并找到其风险源，通过加强工作人员素质、进一步强化安全管理或其他行之有效的措施将风险扼杀在摇篮中。例如，针对赛事期间可能发生的火灾事故，应先分析事故可能发生原因（由于对社会不满而造成的人为纵火、电路短路、场馆总体监控系统故障或者消防系统故障等），根据可能发生火灾的原因，采取加大警力投入、预防恶意纵火、对各系统线路进行细致严密的检查，加强安全管理等具体措施预防火灾事故的发生。

（五）风险抑制

风险抑制是指赛事管理者对不愿放弃也不愿转移的风险，通过降低其损失发生的可能性缩小其后果的不利影响等方面来达到预期目标的方法。赛事风险抑制可以采取事前抑制与事后抑制两个基本措施。事前抑制即在损失发生前为降低损失程度采取的一系列措施，如大型体育赛事开幕式都会举行彩排和预演，就是试图通过测试，发现开幕式中存在的问题，并找到解决办法。在新建体育场馆举行测试赛也是大型赛事正式举办之前主动抑制因场馆功能不完善而有可能出现风险的一种风险抑制策略。事后抑制即指风险发生后为降低损失程度采取的风险应对措施。例如，为了降低开幕式点燃火炬不成功的负面影响，赛事组委会通常会准备 1 ~2 个备用方案。广播电视中心、新闻中心的通信、供电也会准备后备系统以减少通信、供电故障所带来的负面影响。

（六）风险应急

风险应急是指针对可能出现的风险来源以及事故发生过程而采取的系列应急措施。它是对付无预警信息风险事件的主要措施。例如，因为赛事期间场馆内可能发生火灾，在场馆内配备有场馆水喷淋消防系统以对付可能出现的火灾，就属于这种风险应急措施。

应急是任何体育赛事风险管理的一个重要内容。计划应包括风险发生时和发生后系统应作出正确的反应、补救方案、实施步骤和相关人员的职责等内容。具体内容又可分为补救方案与影响消除两部分。

（七）风险自留

应用风险自留主要涉及两类情况：一方面是主动自留，在这种情况下损失的可能性和损失的较小，其次是被动自留，在没有任何损害控制和损失融资措施的情况下，如果出现此类风险，竞赛组织者只能被动地承担责任。风险保留是一种财务风险管理措施,其重点是筹集资金以弥补发生后的损失。例如,1986 年,在美国得克萨斯州休斯顿举行奥运会游泳比赛前两小时,游泳池冷却系统突然失灵,而组织者事先并没有做好准备,但他们很快就开始行动,要求当地所有的冷冻食品公司为泳池降温,及时开始比赛。在这种情况下,就需要一定的内部资金支持。

(八)保险

在体育比赛的情况下,即使有一系列的风险控制措施,也很难消除一些风险,而保险是一种更有效的风险转移措施,由体育赛事组织者通过向保险公司缴纳保险费的方式将其转让给保险公司。在一些大型体育赛事中,保险是一种重要的风险转移手段,比如在 2004 年的雅典奥运会主办方就支付了 3000 万美元的保险费。可投保体育比赛风险的保险种类包括财产保险、人身保险、责任保险等。财产保险是指对有形财产损失和相关利益,如设备、设备、房舍等损失的保险。责任保险是主办方违约责任保险. 体育比赛的实物保险主要是工伤保险、运动员、裁判的保险,因事故造成的人身伤害,以及医疗费用、护理费用的保险,全部或部分残疾造成的收入损失等。

(九)检查与评价

体育赛事风险管理计划实施过程中,要不断检查与总结,图 5 – 7 – 4 显示了检查与评价在整个风险管理过程中的重要作用。

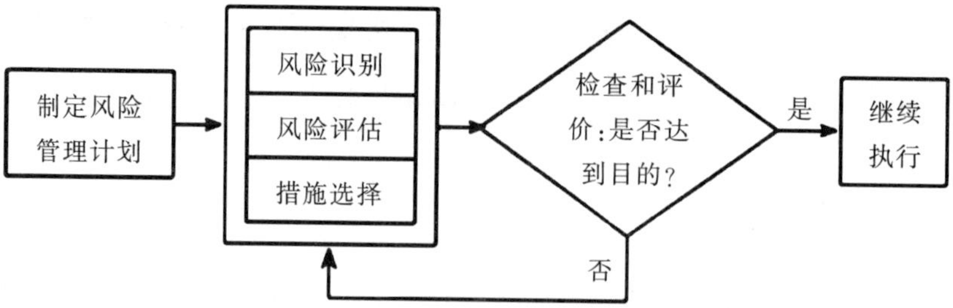

图 5 – 7 – 4　检查与评价体育赛事风险管理中的作用

五、体育风险管理过程与步骤

风险管理过程是指风险管理过程，通常由几个主要阶段组成。目前，不同的组织、学术机构和学者对主要阶段的划分有不同的看法。一般来说，人们普遍认为，整个过程包括按时间顺序排列的“风险规划”“风险识别”“风险分析”和“风险应对”四个基本过程（第二个和第三个过程有时统称为“风险评估”）。同时，“风险沟通与存储”和“风险管理监控”贯穿于整个过程。

（一）风险管理规划

这一“统一管理”过程实质上是指在整个体育赛事过程中规划和设计一个系统和持续的风险管理机制。该过程的目的是根据现实、科学的预测和实用的方法，结合以往的风险管理经验，为实施风险管理的决策过程提供一个结构框架。工作内容的主体包括宏观管理目标、管理组织、人员和资源配置、技术手段、基本战略和基本程序。

（二）风险识别

风险识别是指通过一系列手段和方法收集数据和信息的过程，以尽可能识别潜在风险或存在风险的环节。应编制已识别风险清单，并将其分发给风险分析师和相关备用管理人员。

风险识别必须回答三个基本问题。首先，谁会受伤或迷路？其次，会造成什么样的损失（后果如何）？最后，什么会造成损失？有九种常见的风险识别方法。

第一，头脑风暴法（或特别会议法）。

第二，风险档案分析法。

第三，人物访谈法。

第四，德尔菲法。

第五,情景分析法。

第六,测试事件法。

第七,SWOT 分析。

第八,制约因素分析。

(三)风险分析与评价报告

风险评估是基于事件风险识别的事件风险的完整评估。这是一个应用不同风险评估技术来确定风险影响和程度的过程。这一过程为解决这些风险提供了科学依据,以确保事件的正常运行。

风险评估过程中的一项重要工作是风险预警。事件运行过程中的风险识别与分析,经评估和评估后,事件运营商可获得事件发生的概率、风险损失的大小、风险的影响程度和主要风险因素,并在此基础上发布早期风险警报,提醒事件风险经理采取适当的风险控制措施,以避免或降低风险。应注意,风险评估是协助事件风险经理管理风险的工具,不能取代风险经理的评估。

有六种常见的风险分析方法:

第一,"因果树"。

第二,故障树形图的分析。

第三,可能性—严重性矩阵法。

第四,层次分析法。

第五,外推法。

第六,决策树法。

(四)风险应对

一般来说,处理大型体育赛事风险的方法分为两类:控制风险处理和融资风险处理。

受控风险处理是指针对现有风险因素主动采取控制措施,消除和降低风险事件发生的可能性,降低风险事件造成损失的程度,重点关注风险事件发生前和发生中的处理方法。

(五)风险管理和监测

体育赛事风险监控的目的是通过监控识别、评估和应对赛事风险的整个过程,确保赛事风险管理达到预期目标。这是实施事件风险管理的重要工作。

(六)关于风险管理的信息

作为体育赛事风险管理的最后一个环节,这一部分的工作内容即将前述各个程序的过程、结果以及相关的文件资料等进行记录、整理并存档。这一过程为体育赛事举办组织和举办地的政府与相关部门提供了有价值的知识,并为后续的赛事风险管理提供有意义的历史数据赛事风险管理的信息归档载体通常包括传统的纸质文档(内容包括文字、图表与图片等)、多媒体介质材料(录像与录音等)。

参 考 文 献

[1] 孙晋海,伊超,李太铼,鲁守栋. 基于 P－A－C4ISR 技术理论的 2008 年奥运会组织管理的系统工程研究[C]. 第七届全国体育科学大会论文摘要汇编(一). [出版者不详],2004:47－48.

[2] 唐炜. 体育赛事的生命周期分析[C]. 体育管理与科学发展·2012 年全国体育管理科学大会论文集. 2012.

[3] 金涛,丁敬龙. 论体育赛事与项目管理[J]. 首都体育学院学报,2005(05):11－13.

[4] 孔庆波,张玲燕. 体育赛事产品及其特性分析[J]. 浙江体育科学,2011,33(04):44－47.

[5] 西宗风,楼小飞,李维涛. 基于产品生命周期的体育赛事营销策略[J]. 上海体育学院学报,2008,32(3):14－17.

[6] 侯晋龙. 体育赛事营销的本质及营销观念创新研究[J]. 北京体育大学学报,2006(05):597－599.

[7] 冯科,杨永丽,花静. 大型体育赛事民商事法律风险的主要表现及其控制研究[J]. 法制博览,2021(30):26－27.

[8] 刘建,徐纪科. 全运会竞赛规程演变的主要内容和特点[J]. 成都体育学院学报,2009,35(09):56－59.

[9] 安江宁. 我国军事体育的发展历程与未来之路[J]. 武术研究,2021,6(07):145－148.

[10] 王蓓,谢慧松. 2022 年北京冬奥会背景下我国冬季奥运项目发展研究[J]. 体育文化导刊,2019(09):26－30＋37.

[11] 崔旭艳. 全运会竞赛制度变迁方向探索[J]. 广州体育学院学报,2014,34

(04):51 -54 +58.

[12] 姜熙. 反兴奋剂中运动员权利保护研究——基于“WADA 诉孙某 &FINA 案”的分析[J]. 天津体育学院学报,2021,36(02):210 -218 +234.

[13] 刘辛丹,梁佳,吕兴洋. 体育赛事品牌标识评价研究——以中外著名体育赛事标示为例[J]. 山东体育科技,2016,38(05):7 -11.

[14] 王岩. 对大型国际体育赛事形象识别系统的研究[J]. 甘肃联合大学学报(自然科学版),2010,24(03):77 -81 +91.

[15]《好运北京 2015 体育赛事接待服务工作总结》.

[16] 解利云. 浅论如何做好大型会议(活动)的接待工作(上)[N]. 鄂尔多斯日报,2021 -12 -06(003).

[17] 王亚坤,武传玺. 我国群众体育赛事服务外包研究[J]. 体育文化导刊,2018,(08):54 -58.

[18] 赵晨. 我国男子篮球职业联赛突发事件应急管理研究[D]. 广州体育学院,2019.

[19] 孙贺亮. 处置大型体育赛事突发事件的组织指挥研究[J]. 军事体育学报,2014,33(03):60 -62.

[20] 王春东. 新时期国内大型体育赛事安全保障研究[J]. 法制与社会,2017(22):188 -190.

[21] 夏云,汪志明,卢清. 为大型体育赛事提供应急医疗保障的实践与思考[J]. 中国卫生资源,2008,(03):147 -148.

[22] 刘志恒. 5G 时代体育赛事转播技术的发展与创新[J]. 新闻世界,2020(10):55 -57.

[23] 王希娟. 重大活动气象保障服务分析与探讨[J]. 青海环境,2017,27(04):202 -205.

[24] 霍德利. 体育赛事风险的识别与评估[J]. 沈阳体育学院学报,2010,29(06):58 -61.